광주문화재단 누정총서 5

식영정

글 임준성
현판 번역 김대현

광주문화재단 누정총서 5

식영정

글 임준성
현판 번역 김대현

심미안

책을 펴내며

지혜의 보고, 누정여행 길잡이

 현대를 사는 우리들은 항상 무엇인가에 쫓기듯 살아갑니다. 자주 시계를 보며 시침과 분침은 물론 초침까지도 살피게 됩니다. 저마다 삶을 영위하기 위해 벌이는 사투는 육체와 정신을 피로하게 합니다. 너나없이 삶의 의미를 묻게 되고 쉴 만한 곳을 찾게 됩니다. 잠시라도 여유를 갖고자 여행을 꿈꾸기도 합니다.
 광주문화재단의 풍류남도나들이 사업은 이러한 의문과 소원에서 탄생하게 되었습니다. 선조들의 삶과 그 내면을 들여다보며 가르침을 얻으려 한 것이지요.
 광주와 담양이 만나는 무등산 자락에는 빼어난 풍광은 물론 지혜의 보고가 펼쳐져 있습니다. 자연의 아름다움을 한껏 품은 자리에 자연을 거스르지 않으며 조화롭게 자리한 누정들이 그것입니다. 세상의 명예와 부귀를 탐하지 않고 오로지 자연을 벗 삼아 자기 수양에 힘썼던 선비들의 올곧은 삶. 그들의 깊이 있는 학문과 수준 높은 문학작품은 각박한 시대를 살아가는 우리에게 많은 울림과 감동을 전해 주고 있습니다.
 하지만 그들의 삶과 학문과 문학작품에 한 걸음 다가가기 위해서는 딱딱한 전문서적과 씨름해야 하는 어려움이 남아 있었습니다. 배낭 하나 메고 훌쩍 떠나는 여행길에서 몸과 마음을 풍요롭게 할 만한 누정 길잡이 책은 왜 없을까. 누정총서 시리즈를 기획하고 발간하게 된 까닭입니다.

이번 총서에서는 9곳의 누정을 다루었습니다. 일동삼승(一洞三勝)이라 불리는 소쇄원, 식영정, 환벽당을 비롯하여 독수정, 명옥헌, 면앙정, 취가정, 풍암정, 송강정입니다. 광주에는 수많은 누정이 있지만, 그 역사적 연원과 당대의 인지도를 감안할 때, 무등산 자락 누정들의 안내서가 더 시급하다고 여겼기 때문입니다. 총서의 순번은 누정의 건립연대와 그곳에 얽힌 인물들을 고려하여 매겼으나 자료의 많고 적음에 따라 부득이 몇 곳은 합본을 하였습니다.

이번 총서는 쉽고 재미있습니다. 의미도 깊습니다. 필진으로 참여한 전문 연구자들이 일반 독자들을 배려한 애정이 곳곳에서 빛을 발합니다. 좀 더 관심 있는 독자를 위해 누정 현판의 원문과 번역도 함께 실었습니다. 다양한 각도와 때를 달리한 사진들은 텍스트와는 또 다른 책 읽는 즐거움을 선사할 것입니다.

우리는 이 책들이 무등산 자락 누정을 찾는 여행객들의 사랑을 듬뿍 받기를 소원합니다. 삶의 의미를 되새기고 마음의 정화를 얻어가는 지혜의 여행길에 일조하는 안내서가 되길 바랍니다. 그리고 첫발을 내디딘 누정총서에 더 많은 누정들이 소개되기를 바랍니다.

누정총서 발간에 애쓰신 분들의 노고에 깊은 감사를 드립니다.

2018년 초겨울
광주문화재단 대표이사 김윤기

차례

책을 펴내며   4

1. 배롱나무 꽃이 핀 식영정으로 가자   12

2. 식영정에 담긴 뜻   20
돌계단을 올라 마당에 발을 들이면
'그림자도 쉬게 한다'는 말의 참뜻
쉼은 곧 숨을 살리는 것

3. 임억령의 삶과 성산(星山)의 인연   38
'외로운 배 일찍 묶어야 마땅하리'
'너는 반드시 문장이 될 것이다'
시로 맺은 교우
서하당은 누가 지은 것인가
스승과 제자, 장인과 사위의 인연

4. 식영정의 현판과 「식영정20영」   50
박영이 쓴 팔분체와 전서체 현판
'대숲에 누우니 서석산이 마주하네'
임억령의 「식영정20영」

5. 식영정의 어느 여름날　　　　　　　　　76
　　목판본 〈성산계류탁열도〉
　　열한 명의 선비와 두 편의 시
　　선인들이 '탁족', '탁열'을 즐겨했던 사연'
　　〈성산계류탁열도〉 재연 행사
　　문화콘텐츠로서 〈성산계류탁열도〉의 가능성

6. 식영정을 나오며　　　　　　　　　　　112

여행 길잡이
나의 그림자, 모두의 허물을 벗어내는 식영정　　118

식영정 현판　　　　　　　　　　　　124

식영정息影亭

1
배롱나무 꽃이 핀 식영정으로 가자

　남도의 여름꽃 중 백미는 배롱나무 꽃이 아닐까. 순우리말인 배롱나무라는 이름부터 정겹다. 6월부터 작은 꽃송이들이 아래로부터 피어올라오기 시작해서 차례로 9월까지 붉은빛으로 피어오른다. 이 기간이 무려 백 일이다. 그래서 한자로 백일홍(百日紅)이라고 부른다. 흔히 하나의 꽃이 무려 백 일 동안 피는 것으로 알고 있지만, 정확히 말하면 백 일 동안 꽃이 피어 있는 상태이다.
　세상 어느 꽃이 백 일 이상 피어 있을 수 있겠는가. '화무십일홍(花無十日紅), 열흘 붉은 꽃은 없다'고 했다. 이는 자연의 이치다. 배롱나무 꽃은 한 움큼 꽃무더기 속 꽃망울이 서로 순서를 기다려 꽃을 피운다. 첫 번째 꽃이 피고 지면 다음 꽃망울이 움을 틔워 꽃을 피운다. 이렇게 서로 피고 지기를 반복하기를 무려 백일 동안 진행한다.
　배롱나무 꽃은 다른 때도 아닌 한여름 내내 핀다는 사실만으로도 여느 꽃들과는 다르다. 봄꽃의 대부분은 잎이 나기 전에 꽃을 피우는데 배롱나무 꽃은 세상의 모든 꽃이 지고 신록이 무르익을 때서야 손톱만큼 작은 꽃송이를 장장 백 일 동안이나 피운다. 가히 여름 꽃 중 으뜸이 아닐까.

배롱나무는 쌀밥나무로도 부른다. 한여름 내내 수놓던 꽃이 질 무렵인 9월 말에는 주변 논에 벼들이 황금색 물결을 이룬다. 사람들은 꽃이 지고 나서야 벼가 익어간다고 해서 그렇게 불렸던 것이다. 가을이 지나가고 차디찬 겨울에 배롱나무는 줄기와 가지를 그대로 벗은 몸처럼 노출할 뿐이다. 세월의 더께를 거부하듯 나이테를 단단히 압축한 줄기는 구부정하듯 약간 비껴서 있다. 만져보면 단단한 뼈를 만지는 것만 같은 촉감을 불러일으킨다. 옆으로 넓게 퍼진 가지가 서로 대칭을 이뤄 바람결에 맞춰 춤을 추고 있다. 그래서 간지럼나무라고 했을까. 줄기에 손가락을 문지르면 가지 끝이 살랑거린다고 해서 부끄럼나무라고 하고, 윤기 나는 줄기가 얼마나 미끄러웠으면 원숭이나무라고 했을까.

나는 배롱나무 꽃을 볼 때마다 화사하면서 소박한 색감을 느낀다. 분명 화려하고 사치스러운 색감이긴 하지만 자신의 존재를 작게 해서 한없이 낮추는 모습이다. 배롱나무 꽃은 붉은 색감이라 멀리서도 잘 보이지만 파란 잎을 앞에 내세워 자세히 들여다보아야만 제대로 볼 수 있다는 점에서 자연 속에 숨어 살고 싶어 하는 이의 은일지향(隱逸指向)을 엿보게 한다. 배롱나무 꽃이 있는 곳으로 가면 나도 모르게 세상과 일정한 거리를 두고 싶어진다.

호남의 진산(鎭山) 무등산(無等山) 아랫자락 광주호로 가는 길에 배롱나무가 연이어 심어져 있다. 한여름에는 붉은 색감이 호수의 물빛과 어울려 한 폭의 그림 같다. 그 멋진 풍광의 중심에는 누정이 있다. 특히 호남은 명승지를 중심으로 누정건립이 활발했다. 광주와 담양의 경계에 있는 이곳에는 독수정, 소쇄원, 환벽당, 명옥헌 등 유서 깊은 누정이 곳곳에 자리 잡고 있다.

건축학 용어로 누(樓)는 눈높이 위에 자리한 건물을 말하며, 정(亭)은 기둥 사이에 벽을 두지 않고 사방을 튼 건물을 말한다. 쉽게 말하면 높은 자리에 건물을 짓고 사방을 트이게 한 개방적인 건물이라고 할 수 있다. 단 다른 건물과 달리 부엌이 없다. 온돌방을 위한 아궁이는 있지만 취사생활을 위한 부엌이 존재하지 않는다는 점은 밥 짓고 생활하는 일상의 살림 공간이 아니라는 뜻이다. 흥취를 즐기고 멋진 경치를 두루 구경하는 유흥상경(遊興賞景)의 공간이며, 학문수양과 인륜실현의 공간이며, 씨족과 향약의 공동체 등 다양한 의미를 가진 공간이다. 그중에서도 유흥상경이 중심이다. 자연과 더불어서 함께 가까이서 즐겨하는 삶, 곧 쉼이 중심인 공간이다.

우리나라 누정 역사는 『삼국유사』에서 488년 신라 소지왕(炤智王)이 천천정(天泉亭)에 행차했다는 기록에서 처음 시작한다. 1530년 조선 중종(中宗) 때 편찬한 『신증동국여지승람』에 따르면 조선 팔도에 3,000여 곳에 이를 정도였다. 단일 지역으로는 영남이 1,295곳으로 가장 많으며, 호남은 1,070에 이른다. 영남의 경우 누정이 이웃 건물로 지어진 데 비해 호남은 독립된 공간에서 외따로 지었다는 점에서 차이점을 보이고 있다.

식영정은 광주호 길을 따라 벼랑에 자리 잡고 있다. 그 아래 부용당(芙蓉堂)과 서하당(棲霞堂)이 서로 이웃하며 있다. 나는 식영정을 찾을 때마다 퀘렌시아(Querencia)가 떠오른다. 퀘렌시아는 정열의 나라 스페인 투우경기에서 쓰는 말이라고 한다. 투우사와 싸우다가 지친 소가 안전하다고 느끼는 공간이 퀘렌시아이다. 피난처, 안식처와 같은 뜻이라고 한다. 위기에 놓인 소는 사람들이 자신을 보지 못한다고 생각해 안심하고 잠시 숨을 고른다. 사실 원형의 개방적인 공간에서 안 보이는 곳은 없다. 다만 소 눈에 그렇게 보일 뿐이다. 이곳에서 소는 마지막 가쁜 숨을 고르며 회복할 시간을 가진다. 소에게는 가장 힘들고 지쳤을 때 기운을 얻는 곳일 것이다. 소는 투우사에게 돌진하지만 결국 장렬히 전사하고 만다. 비극적인 결말이다. 그럼에도 소가 퀘렌시아 속에서 안정을 취하고 마음의 평화를 누렸을 그 최후의 순간이 감동적으로 다가왔다.

세속에 지쳐 잠시 어디선가 쉼을 얻고 싶은 곳이 바로 퀘렌시아가 아닐까. 하루가 멀다하고 바삐 돌아가는 현대사회에서 개인은 점점 지쳐가고 있다. 물질문명이 인류를 지배한 이래 인간은 기계의 소모품처럼 점점 작아질 뿐이다. 4차산업혁명, 사물인터넷(IOT), 인공지능(AI), 빅데이터(BIG DATA) 등으로 대변되는 최근 경향은 인간을 주체적인 자리에서 점점 내몰고 있다. 그럴수록 우리의 상처는 깊어질 뿐이다. 이러한 경향을 반영하는 듯 최근 유행하는 '치유(Healing)', '마음챙김(Mindfulness)', 잘지내기(Well-being) 등의 용어는 그만큼 우리네 삶이 고달프다는 현상을 고스란히 드러내고 있는 것이 아니겠는가. 물질의 풍요가 주는 혜택도 좋겠지만 그럴수록 정신적인 상실감은 점점 커져만 가는 이 시기에 이제라도 우리들만의 퀘렌시아를 찾아 나서야 하지 않을까.

  다행히도 우리에게는 그 최적의 장소가 있다. 바로 누정이다. 언제든지 항상 그곳에 있고, 누구를 가리지 않고 받아주는 곳이 누정이다. 더구나 어머니의 품처럼 넉넉한 무등산이 바로 앞에 있고, 그 위를 한가롭게 떠다니는 구름을 보면 마음의 정화는 물론 내 본연의 한가로운 모습을 발견할 수 있다. 한여름 작열하는 태양빛 아래 배롱나무 꽃이 아름답게 피는 곳, 별뫼의 그림자도 쉬었다 가는 곳, 식영정으로 떠나보자.

2
식영정에 담긴 뜻

　식영정은 전남 담양군 남면 가사문학로에 위치한 누정으로 명승 57호이다. 현재의 모습은 광주호가 조성되면서 옛 풍취와는 많이 다르다고 한다. 식영정 아래로 흐르는 개울을 자미탄(紫薇灘)이라고 하니 배롱나무가 줄지어 피어 있는 개울가였음을 짐작할 수 있다. 누정에 오르기 위해서는 바위돌계단을 비스듬히 올라가야 한다. 오른편에 누마루 다리를 연못에 내딛고 있는 부용당(芙蓉堂)이 단아하게 앉아 있고, 그 옆에는 서하당(棲霞堂)이 자리 잡고 있다.

돌계단을 올라 마당에 발을 들이면
　돌계단 어귀 시작점에는 '송강 정철 가사의 터'라는 기념비가 있다. 모양새가 무슨 대회에 나가 받은 트로피처럼 생겼다. 컴퓨터 폰트로 새겨 넣은 음각 글씨가 개성 없어 보여 유감이다. 돌계단을 비스듬히 걸어올라 식영정 마당에 발을 들여놓는다. 오른쪽 옆으

'송강 정철 가사의 터' 기념비

「성산별곡」 시비

로 돌아보면 가히 400여 년 수령을 자랑하는 소나무가 문인석마냥 위엄 있게 서 있다. 오랜 세월을 견뎌온 노송의 줄기는 용틀임하듯 몸통을 비틀고 있고, 울울창창한 솔잎을 매달고 있는 가지는 건장한 청년의 근육질인 양 생생하다. 노송의 겉면을 감싸 쥐고 있는 수피는 마치 거북등껍질처럼 갈라진 모양새를 하고 있다.

  노송 왼쪽 뒤로 가면 송강 정철의 「성산별곡」시비가 놓여 있다. 원래 노송 앞에 두었다가 위치 문제로 논란이 일자 현재의 자리로 옮겼다. 노송으로서는 발밑을 옭죄고 있는 짐 덩이를 벗어던졌으니 속시원했을 것이다. 그 뒤로는 배롱나무가 곳곳에 심어져 있다. 다시 누정 앞마당으로 발걸음을 돌리면 광주호가 한눈에 보이는 풍광을 만난다.

  물을 보면 마음이 저절로 평안해진다. 물 위를 가르며 나는 새들의 날갯짓이 경쾌해 보인다. 산은 말없이 그대로 있고, 바람결은 뺨 위를 스치고 지나간다. 누가 시키지 않아도 저절로 마음을 내려놓는다.

  다시 몸을 돌려 돌기단 위로 올라가 마루 끝에 걸쳐 앉으면 비로소 식영정의 품 안에 들어앉게 된다. 마루 끝 앞부분에 손바닥을 짚으면 뭔가 만져진다. 애기주먹만 한 대못이다. 자세히 보니 구름 형상을 하고 있는 문양이 새겨져 있다. 마치 틀린 그림 찾기 하듯 모두 같지 않고 제각각이다.

'그림자도 쉬게 한다'는 말의 참뜻

식영정의 주인은 조선 전기 때 문인 석천(石川) 임억령(林億齡, 1496~1568)이다. 누정을 지은 이는 임억령의 사위 인재(忍齋) 김성원(金成遠, 1525~1597)이다. 누정의 주인과 건물을 지은 이가 서로 다른 독특한 누정이다. 김성원의 문집 『서하당유고(棲霞堂遺稿)』의 연보(年譜)에 따르면 누정을 지은 시기는 1959년 담양부사(潭陽府使)를 끝으로 관직생활을 그만두고 성산(星山)에 내려와 살던 때인 1560년(명종 15년)이다. 김성원은 임억령을 찾아와 학문 배우기를 청하고 사제지간의 인연을 맺었다. 그 후 첩실인 양씨부인의 둘째 딸을 맞아들여 사위가 되었다. 제자이자 사위인 김성원이 장인을 위해 식영정을 지었던 것이다. 누정을 짓고 나서 김성원이 누정의 이름을 어찌하면 좋을까 하고 임억령에게 물었다. 임억령의 『식영정기』에 자세한 내용이 나와 있어 살펴보기로 한다.

김군 강숙(剛叔) 나의 벗이다.
푸른 시내 위 서늘한 소나무 아래
산기슭을 얻어 작은 집을 지었다.
네 모퉁이에 기둥을 세우고 가운데는 텅 비게 하고,
띠풀을 덮고 대나무로 처마를 둘렀으니,
바라보면 마치 화려한 그림으로 장식한 배 같다.
내가 휴식할 장소로 삼고
누정의 이름을 지어줄 것을 나에게 부탁하니,

그대는 장주(莊周)의 말을 들어봤는가?

장주가 말하기를 옛날에 그림자를 무서워한 사람이 있었다.

그는 햇빛 아래에 낮에 빨리 도망갈수록

그림자는 끝까지 쉬지 않고 따라왔다.

나무 그늘에 이르러서야 비로소 보이지 않게 되었다고 한다.

무릇 그림자는 사물의 형상이 되어 오직 사람의 형체를 따르는지라

사람이 엎드리면 그림자도 따라서 엎드리고,

사람이 일어서면 그림자도 따라서 일어선다.

그밖에도 가고 오고 다니며 머무는 일 모두 오직 형체가 하는 그대로다.

그러나 그늘과 밤에는 없어지고

불빛이나 낮에만 생긴다.

사람의 처세도 또한 이와 같다.

옛말에 이르기를

꿈과 그림자는 물거품이라고 하였다.

사람이 태어날 때 그 형체를 조물주에게서 받았으니,

조물주가 사람을 희롱함이

어찌 형체가 그림자를 부리는 것만 못하겠는가?

그림자가 천 가지로 변하는 것은

형체의 움직임에 달려 있고,

사람이 천 가지로 변하는 것도

또한 조물주의 처분에 달려 있다.

사람은 마땅히 조물주가 시키는 대로 따를 뿐이니

내가 어떻게 하겠는가?
아침에 부유했지만 저녁에는 가난해지고,
옛적에 귀한 사람이었지만 지금은 천하게 되기도 하니
다 조물주의 화로와 망치에 매달린 일인 것이다.
내 한 몸으로 보자면,
옛날에 높은 관을 쓰고 큰 띠를 두르고
벼슬길에 출입하였지만
지금은 대나무 지팡이와 짚신을 신고
소나무와 하얀 돌 사이에서 노닐고 있다.
호화로운 생활을 버리고 소박하게 사는 것을 달게 여기며,
고관대작들을 멀리하고 미천한 것을 벗으로 삼았으니,
이는 모두 조물주가 그 사이를 희롱함이 있기 때문이다.
내 스스로 이를 알지 못함이니,
그 사이에 무엇을 기뻐하고 성낼 것이 있겠는가? 강숙이 말하였다.
그림자는 진실로 마음대로 할 수 없습니다.
선생님의 굽히고 펴는 것은
스스로 말미암은 것이지 세상이 버린 것은 아닙니다.
밝고 지혜로운 시대를 만나서도
자기 빛을 숨기고 자취를 감추는 것은 지나치지 않습니까?
선생이 대답하여 말하였다.
흐름을 타면 나아가고 웅덩이를 만나면 그치는 것이고,
가고 멈춤은 사람의 마음으로 할 수 없는 것이다

내가 숲으로 들어온 것도 하늘이 그렇게 한 것이요
한갓 그림자를 쉬게 하려고 한 것이 아니다.
내가 시원하게 바람을 타고,
조물주와 짝이 되어
멀리 떨어진 들판에서 노닐 적에
그림자도 없어질 것이며,
사람이 바라보고도 가리킬 수 없을 것이니
이름을 '식영'이라 함이 또한 옳지 않겠는가?
강숙이 말하기를,
이제서야 비로소 선생의 뜻을 알겠으니
청컨대 그 말을 기록하여 지(誌)로 삼겠다고 하였다.

계해년(1563) 7월 하의도인(荷衣道人) 쓰다.

息影亭記

金君剛叔吾友也 乃於蒼溪之上 寒松之下 得一麓 構小亭 柱其隅 空其中 以白茅 翼以凉簟 望之如羽盖 舫 以爲吾休息之所 請名於先生 先生曰 汝聞莊氏之言乎 周之言曰 昔有畏影者 走日下 其走愈急 而影終不息 及就樹陰下 影忽不見 夫影之爲物 一隨人形, 人俯則俯, 人仰則仰 其他往來行止 唯形之爲然 陰與夜則無 火與晝則生 人之處世 亦此類也 古語有之曰 夢幻泡影人之生也 受形於造物 造物之弄戱人 豈止形之使影 影之千變 在形之處分 人之千變 亦在造物之處分 爲人者 當隨造物之使 於吾何與哉 朝富而暮貧 昔貴而今賤 皆造化兒 爐錘中事也 以吾一身觀之 昔之峩冠大帶 出入

노송 왼쪽 뒤로 가면 송강 정철의 「성산별곡」시비가 놓여 있다.
그 뒤로는 배롱나무가 곳곳에 심어져 있다.
다시 누정 앞마당으로 발걸음을 돌리면
광주호가 한눈에 보이는 풍광을 만난다.

金馬玉堂 今之竹杖芒鞋, 逍遙蒼松白石 五鼎之棄 而一瓢之甘 皐夔之絕 而鹿之伴 此皆有物弄戲其間 而吾自不之知也 有何喜 於其間哉 剛叔曰 影則固不能自爲 若先生屈伸 由我非世之棄 遭聖明之時 潛光晦迹 無乃果乎 先生應之曰 乘流則行 得坎則止 行止非人所能 吾之入林 天也 非徒息影 吾冷然御風 與造物爲徒 遊於大荒之野 滅沒倒影 人不得望而指之 名以息影 不亦可乎 剛叔曰 今始知先生之

志 請書其言 以爲誌癸亥七月日 荷衣道人書

쉼은 곧 숨을 살리는 것

「식영정기」는 여느 누정 기문과는 달리 대화체 형식으로 구성된 독특한 양식으로 보여주고 있다. 한문학 갈래 중 서사시에 해당하는 부(賦)와 같은 분위기를 연출한다. 임억령은 『장자(莊子)』 「어부(漁夫)」에서 그림자를 두려워하는 어리석은 사람의 우화를 들며 누정의 이름을 '식영'으로 삼을 것을 권하였다.

그림자는 모든 사물의 형체에 나타난다. 이를 억지로 떼내려 하면 그림자는 더더욱 떨어지지 않는다. 천지만물의 이치를 인정하지 않고 이를 거부하는 것은 어리석은 일이다. 그림자를 없애는 방법이 없는 것도 아니다. 햇빛을 가려주는 그늘로 들어가면 그림자는 저절로 사라진다. 햇빛이 세속생활의 삶이라면 그늘은 자연생활의 삶을 뜻한다.

임억령은 삶의 도처에서 지친 심신을 위로하기 위해서는 자연 속에서 쉬어야 함을 행간에서 말하고 있다. 자신 또한 화려한 관직생활을 해봤지만 자연과 소박하게 사는 것이야말로 진정한 행복임을 은연중에 강조하고 있다. 쉼은 곧 숨을 살리는 것이다. 바쁘고 정신없는 일상의 삶을 잠시나마 자연 속에 내려놓은 삶이야말로 곧 숨을 살리는 쉼이 아니겠는가.

임억령이 「식영정기」를 지은 때는 1563년으로 식영정이 건립되던 1560년과는 3년이라는 시차가 발생한다. 건물을 다 짓고 나서 현판과 기문을 올리는 것이 일반적인데 이 경우는 특수한 상황이 발생했음을 짐작케 한다. 이때는 임억령이 담양 성산을 떠나 고향 해남으로 돌아갈 무렵이다. 석천은 자신의 생애가 멀지 않았음을 짐작했던 것일까.

오래 지낸 나그네 으레 돌아가야 하니	久客宜旋斾
가을바람 불 때 누정을 떠나네	秋風又別亭
맥없이 잃은 마음 견디지 못하고	不堪心悒悒
성성한 백발 억제하기 어렵다네	難制鬢星星
물 좋아하여 난간에 다시 오르고	愛水重憑檻
어여쁜 솔 아래 다시 뜰을 거니네	憐松更步庭
내년 봄에 다시 만나기 바라나니	明春吾欲再
나를 위해 암경 지켜주오	爲我理巖扃

이 시는 「김성원의 송별시에 차운하다」이다. 임억령이 성산동을 정리하고 고향으로 내려가겠다고 하자 제자이자 사위인 김성원이

송별시를 보내준 것에 대한 답시이다. 성산동의 자연승경 속에 흠뻑 취해 지냈지만 늘그막에 이르러 고향으로 돌아가야 할 때가 돌아왔다. 떠나기 싫은 마음이야 두말 할 나위 없지만 속절없이 늙어가는 몸을 더 이상 감당할 수 없다. 아쉬운 마음에 벼랑 아래 자미탄 개울 흐르는 물소리 들으며 난간에 몸을 기대어 보고, 멋지게 자란 소나무 뜰을 거닐어 본다. 고향에 돌아가도 내년 봄에 다시 오마 하고 이곳을 잘 지켜달라는 당부에서 두 사람의 친밀한 관계를 엿볼 수 있다.

  이 시를 지은 때는 「식영정기」를 쓴 뒤 한 달 뒤인 8월이다. 임억령은 성산에서 삶의 흔적을 제자이자 사위인 김성원에게 모든 것을 맡겼다. 아마도 「식영정기」는 식영정에서 지낸 삶을 정리하고자 하는 임억령의 아름다운 마무리였을 것이다.

  식영정은 정면 2칸, 측면 2칸의 팔작지붕 한옥 건축양식을 하고 있다. 누정의 평면은 정사각형에 가까운 형태를 띠고 있다. 1/4 크기의 뒤쪽 왼편은 방으로 두고 나머지 3/4은 마루로 채웠다. 앞쪽 왼편은 풍판을 둘렀다. 처음에는 그 이유를 몰랐다. 해지는 늦은 오후 시간에서야 알았다. 서향을 하고 있어 햇빛을 가려야 했기 때문이다. 추운 겨울에는 매서운 북서풍을 어느 정도 막아줄 수 있다. 그래도 답답함을 면하고자 했는지 가운데에 여닫이문을 뒀다. 자연의 이치를 지혜롭게 다룰 줄 알았던 장인의 솜씨가 느껴진다.

현재 식영정은 언제 적 건물인지 유감스럽게도 정확히 알지 못한다. 건축과정에 대한 문헌기록이 전혀 남아 있지 않기 때문이다. 임억령이 살았을 적 당시의 담양의 누정은 임진왜란 때 대부분 불에 타버렸다. 현재 남아 있는 누정은 임진왜란 이후에 중건되어 여러 차례 고쳐 지은 것이다. 그러나 식영정은 현재의 건물조차 그 연원을 알 수 있는 자료가 없어 아쉬운 마음뿐이다. 송강 정철의 현손인 정호(鄭澔)가 1723년에 지은 「식영정중수기(息影亭重修記)」가 있긴 하나 건축물 자체에 대한 정보를 담고 있지 않아 한계를 보이고 있다.

3
임억령의 삶과 성산(星山)의 인연

석천 임억령은 1496년 전남 해남 남문 밖 해리에서 부친 우형(遇亨)과 은성 박씨의 5남 1녀 가운데 셋째로 태어났다. 자(字)는 대수(大樹)이며, 본관은 선산(善山)이다. 어려서 아버지가 일찍 돌아가시고 홀어머니 밑에서 자랐다. 7세에 숙부이신 임우리(林遇利)에게 공부를 배웠다. 임우리는 조선 전기의 문인 금남(錦南) 최부(崔溥, 1454~1504)의 제자이다. 14세에는 동생 백령(百齡)과 함께 광주로 올라와 외삼촌인 박곤(朴鯤)의 주선으로 눌재(訥齋) 박상(朴祥, 1474~1530)과 육봉(六峯) 박우(朴祐, 1476~1549) 형제에게 수학했다.

'외로운 배 일찍 묶어야 마땅하리'

임억령은 21세에 진사시험에 합격하였다. 그러나 1519년 조광조가 기묘사화로 인해 사림들이 추풍낙엽처럼 떨어지자 벼슬에 대한 뜻을 접고 가족과 함께 고향으로 돌아왔다. 그러다가 사화의 후유증이 어느 정도 지나자 30세 되던 1525년에 문과에 합격하고 관직생활을 시작하였다. 이때 청송(聽松) 성수침(成守琛, 1593~1564)과 교유를 시작했으며, 성수침은 임억령에게 부친 성세순(成世純)의 묘갈명(墓碣銘)을 짓게 하는 등 돈독한 관계를 맺었다. 1533년에는 어머니의 병환을 지키고자 고향에서 가까운 동복현감(同福縣監)을 지냈다. 이때 기묘명현(己卯名賢) 중 한 사람인 신재(新齋) 최산두(崔山斗, 1483~1536)가 유배와 있어 자주 만나 가까이 지냈다고 한다.

 1545년 명종이 왕위에 오르자 임억령은 윤원형(尹元衡)이 명종의 외숙이라는 것을 내세워 세력을 꾀해 모략과 암투를 일삼자 머잖아 정국에 평지풍파를 몰고 올 것을 예감하고 금산군수(錦山郡首)에서 물러나 고향으로 돌아온다. 그 이유는 동생 백령이 외척권신인 윤원형 일파에 가담하자 이를 만류하였는데 끝내 듣지 않았기 때문이다. 당시 한강을 건너면서 시속을 풍자한 시 한 수를 동생 백령에게 전했다고 한다.

한강수야 잘 있거라	好在漢江水
편히 흐르되 물결일랑 일지 마라	安流莫起波
외로운 배 일찍 묶어야 마땅하리	孤舟宜早泊
밤중에 풍랑이 많을 터이니	風浪夜應多

'너는 반드시 문장이 될 것이다'

임억령이 벼슬을 사직하자 그때의 사신이 기록하기를 "사람됨이 소탈하여 얽매인 데가 없었다. 또 영화와 이익을 좋아하지 않았다. 동생과 함께 악한 일을 하지 않고 쾌히 멀리 떠나 병을 칭탁하고 오지 않았으니 그의 동생과 비교하면 엄청난 차이가 있다" 하여 임억령의 소탈하고 얽매임 없는 성품을 평했다.

박동량(朴東亮, 1569~1635)이 쓴 『기재잡기(寄齋雜記)』에 보면 임억령의 스승이었던 박상이 두 형제의 사람됨을 평가한 부분이 있다.

> 눌재는 임억령에게 『장자』를 가르치면서 '너는 반드시 문장이' 될 것'이라 했고, 백령에게는 『논어』를 가르쳐주면서 '너는 족히 관각의 문장이 될 것'이라고 했다.

눌재는 임억령이 문장에 타고난 재주를, 백령은 관리로서 야망을 일찍이 간파했던 것으로 보인다. 남계(南溪) 박세채(朴世采, 1631~1695)는 임억령의 묘표(墓表)에서 "뜻이 크고 재주가 뛰어났지만 뜻과 지조가 정결하여 세속에 굴신하지 않은 인물"이라고 했으며, 문곡(文谷) 김수항(金壽恒, 1629~1689)은 「행적기략(行蹟記略)」에서 "매우 뛰어나 훌륭하면서 고결하여 시속 부합하지 않았다"고 했다. 이 말은 임억령이 관직에는 맞지 않았다는 얘기가 된다. 실제로 『명종실록』에는 "임억령의 사람됨이 성격은 크고 넓으며, 문장은 풍부하고 뛰어났다. 그러나 관리로서 맡은 바 임무에 직분을 다하는 데는 소질이 없어 문제를 일으켰다"고 하여 다소 부정적으로 평가하고 있다.

이 부분에 대해서는 다소 오해의 소지가 발생할 수 있다. 선비가 관직에 나아가고자 하는 이유는 세상을 경영하여 백성을 편안케 하고자 하는 경세제민(經世濟民)에 있다. 이를 위해서는 학문을 부지런히 갈고닦지 않으면 안 되는 일이다. 그럼에도 불구하고 임억령이 관직에 소질을 보이지 않았다는 사관의 평가는 중종과 명종 때의 시대적 상황이 그다지 녹록지 않았다는 사실을 간과하고 있기 때문이다. 훈구파 세력들의 정치적 논란이 있었으며, 농민에 대한 수탈과 탄압이 버젓하게 자행되던 시기에 임억령이 관리로서 처신하기에는 매우 힘들었을 것으로 보인다.

그렇다고 해서 그가 관리로서 직무를 소홀히 한 것은 아니다. 사헌부에 있을 때는 김안로(金安老)가 폐지했던 사형수의 삼심제(三審制)를 부활시켰으며, 억울하게 누명을 쓰고 처벌받는 백성들이 없게끔 강력히 주장하였다. 또한 대사간으로 있을 때는 조정의 일에 착오가 있다면 대간으로서 잘못을 밝혀 바로잡아야 할 책임이 있다고 하는 등 장계(狀啓)를 올리기도 했다.

시로 맺은 교우

을사사화 이후 임억령이 담양 성산과 고향 해남을 오가면서 7년여의 세월을 보낼 때였다. 당시 문정왕후가 수렴청정을 끝내고 명종이 친정을 선포하자 조정에서 그를 불렀다. 그는 동부승지(同副承旨)를 제수 받아 벼슬을 다시 시작했다. 이때 퇴계(退溪) 이황(李滉, 1501~1570)과 교유를 가졌다. 1553년에 강원도 관찰사에 부임하던 중 율곡(栗谷) 이이(李珥, 1536~1584)가 찾아와 임억령에게서 가르침을 받고 시를 짓는 등 교유를 맺었다. 이후 간이(簡易) 최립(崔岦, 1539~1612), 아계(鵝溪) 이산해(李山海, 1538~1609), 면앙정(俛仰亭) 송순(宋純, 1493~1582), 사촌(沙村) 김윤제(金允悌, 1501~1572), 하서(河西) 김인후(金麟厚, 1510~1560), 고봉(高峯) 기대승(奇大升, 1527~1572), 서하당(棲霞堂) 김성원(金成遠, 1525~1597), 제봉(霽峰) 고경명(高敬命, 1533~1592), 송강(松江) 정철(鄭澈, 1536~1593), 구봉(龜峯) 송익필(宋翼弼, 1534~1599) 등과 시로 교유를 맺는 등 관직생활보다는 시인의 삶이 대부분이었다. 특히 식영정을 중심으로 한 시단을 형성하였는데, 김성원, 고경명, 정철과 함께 '식영정4선(息影亭四仙)'이라 부를 정도로 번성하였다.

서하당은 누가 지은 것인가

임억령이 성산 곧 별뫼와 인연을 맺은 때는 언제일까. 정확한 기록이 없어 자세한 내용은 알 수 없지만 짐작건대 1545년에 발생한 을사사화(乙巳士禍) 이전에 성산에서 지냈던 것으로 보인다. 이 시기에 환벽당 주인 김윤제(金允悌)와는 스승 눌재 박상 문하에서 같이 공부했던 사이로 자주 왕래하였으며, 김윤제의 친척인 소쇄

임억령이 성산동에서 살았던 집은 현재의 서하당(棲霞堂)일 것이다. 김수항이 지은 「행적기략」에서 "임억령은 일찍이 성산동의 수석을 사랑하여 집을 짓고 지냈는데, 그 당 이름을 서하당이라 걸어뒀고, 누정을 식영정이라 하였다"는 기록이 있기 때문이다.

원 주인 양산보(梁山甫, 1503~1557)와도 이때 교류를 했던 것으로 보인다. 아마도 이 시기에 임억령은 양산보의 친척 동생이자 양승조(梁承祖)의 서녀인 양씨부인을 첩실로 받아들였으며, 두 명의 딸을 낳았다. 큰딸은 고경명의 부친인 고맹영(高孟英, 1502~1565)에게, 둘째 딸은 김성원에게 시집보냈다. 『제주양씨족보』에 임억령을 서서(庶壻)라 기록되어 있는 점에서 확인할 수 있다. 임억령은 담양부사를 끝으로 관직에서 물러나 성산동에서 지내던 1559년 35세의 김성원을 만났다. 당시 결혼 적령기를 15세 전후로 본다면 김성원이 첩실로 받아들일 수 있는 나이이기도 하다. 임억령이 성산에서 살던 때는 을사사화 이전으로 얼추 짐작할 수 있다.

　임억령이 성산동에서 살았던 집은 현재의 서하당(棲霞堂)일 것이다. 김수항이 지은 「행적기략」에서 "임억령은 일찍이 성산동의 수석을 사랑하여 집을 짓고 지냈는데, 그 당 이름을 서하당이라 걸어뒀고, 누정을 식영정이라 하였다"는 기록이 있기 때문이다. 그러나 김성원의 문집에서는 서하당을 김성원이 지은 것으로 기록하고 있어 혼란을 불러일으키고 있다. 둘 중 하나는 오류임에 분명하다.

　여기서 「행적기략」과 『서하당유고』는 발간 시점에서 시차가 있다. 「행적기략」은 김수항이 전남 영암에 유배를 살던 때인 1678년에 창평에 사는 김성원의 후손이자 임억령의 외손인 김전(金壂)에게서 임억령의 남은 문집을 받고 썼기 때문이다. 이에 비해 『서하당유고』는 1876년에 간행되어 약 200여 년 시차를 보여주고 있다. 아마도 『서하당유고』를 편집하는 과정에서 빚어진 착오가 아닌가 생각한다.

스승과 제자, 장인과 사위의 인연

임억령은 성산동을 떠나면서 식영정과 서하당을 잘 돌봐달라는 시를 김성원에게 남겼다. 성산동 승경을 노래한 약 350여 수의 시는 그가 고향 못지않게 식영정과 서하당을 사랑하고 아꼈음을 알게 해준다. 그중 「식영정20영」과 「서하당8영」이 대표적이다.

임억령은 담양 성산동을 떠나 고향 해남에서 만년을 지내면서 1568년 3월 생애를 마쳐 해남 마포 명봉산 언덕에 묻혔다. 그를 일컬어 사종(詞宗)이라 하여 문장에 뛰어난 인물이라고 평가하고 있다. 그는 대나무나 소나무처럼 고결한 성품을 지녔으며, 세속과 타협하지 않은 삶을 영위했다. 또한 당나라 때 이백(李白)처럼 호방한 시풍을 선보이며, 도가적 낭만적 사유를 자유롭게 펼친 시인이었다.

임억령이 세상을 떠나자 사위인 김성원은 유지를 잘 받들어 식영정과 서하당의 주인이 되었다. 그 뒤로 서하당이라는 당호를 자신의 호로 삼아 스승의 모든 가르침을 몸소 실천하고 지키려고 노력했다. 기대승, 고경명, 정철, 백광훈, 양응정 등과 교유를 이어가며 식영정 가단을 이끌었으며, 16세기 호남 시문학에 지대한 영향을 미쳤다.

4
식영정의 현판과 「식영정20영」

옛 건물에는 이름을 글씨로 써서 나무판에 새긴 현판이 걸려 있다. 현판은 건물의 이름을 거는 편액(扁額)과 좋은 글귀를 새겨 건물 기둥에 거는 주련(柱聯)을 합해서 부른 용어이기도 하다. 궁궐, 서원, 누정, 사찰, 사대부 고택 등 거의 모든 건물에 있다. 현판은 곧 그 건물의 얼굴이라고 해도 과언이 아니다. 현판에 새긴 글씨는 임금으로부터 받은 사액(賜額)부터 당대의 지식인 또는 명필이 심혈을 기울여 쓴 것까지 그 예술적 가치가 매우 높다고 하겠다.

박영이 쓴 팔분체와 전서체 현판

누정에도 역시 현판이 걸려 있다. 식영정이라 쓴 현판은 전서체(篆書體)로 격조 있고 단아하다. 식영정에 관한 앞선 시기의 기록으로는 고경명의 「유서석록(遊瑞石錄)」이 있다. 당시 광주목사였던 갈천(葛川) 임훈(林薰, 1500~1584)을 모시고 1574년 4월 20일부터 24일까지 4박 5일 동안 광주의 무등산과 일동삼승(一洞三勝)인 소쇄원, 식영정, 환벽당을 둘러보고 지은 장편 기행문이다.

  해 질 녘에서야 식영정에 도착했다. 식영정은 강숙 김성원의 별장이다. 임선생은 난간에 기대어 경치를 감상하셨는데 그 모습이 매우 차분해보였다. 밤이 되자 김성원이 촛불을 켜고 정성컷 환대해줬다. 흥겹게 놀다가 자리를 끝내니 이 또한 한때의 멋진 추억이 될 만한 일이었다. 식영정과 서하당 두 현판은 모두 박영(朴詠)이 썼다. 식영정은 팔분체(八分體)로, 서하당은 전서체(篆書體)로 썼다. 식영정과 서하당의 아름다운 경치는 이미 석천 임억령이 다 기록해 놓았다. 또 스무 가지와 여덟 가지의 소재로 연작시를 짓기도 했지만 결코 군더더기라고 볼 수 없을 것이다.

  고경명이 「유서석록」을 지을 당시 임억령은 이미 7년 전에 세상을 뜨고 난 뒤다. 제자이자 사위인 김성원이 임억령의 유지를 받들어 식영정, 서하당의 새 주인으로 지내고 있던 때이다. 여기서 '스무 가지와 여덟 가지'는 「식영정20영」과 「서하당8영」을 가리킨다. 항간에는 이 기록을 근거로 김성원이 식영정과 서하당의 진짜 주인이라고 하여 논란이 되기도 하였다. 고경명은 임억령의 제자이자 식영정4선 중 한 명으로 스승을 따라 「식영정20영」을 지었다. 그런 그가 식영정과 서하당의 주인을 김성원이라 한 것은 「유서석록」을 지을 당시인 1574년의 시점에서 말한 것이며, 임억령이 세상을 떠난 4년 뒤여서 더 이상 논란거리는 아니다.

여기서 새로운 정보가 있다. 바로 식영정 현판을 쓴 이가 박영이고 글씨체는 팔분체라고 했다.『국조방목(國朝榜目)』에 따르면 박영(朴詠)은 부호군(副護軍) 박훈(朴塤)의 아들로 1538년 별시 문과에 급제했다는 기록이 나온다. 글씨에 대한 다른 기록이 없어 동일인물인가에 대해서는 확신할 수 없다. 다만 팔분체라는 글씨체만 분명하다. 팔분체는 전서체에서 8분을, 예서체에서 2분을 취했다고 해서 붙여진 이름이다. 전서체는 진나라가 전국을 통일한 후 글씨체를 통합하는 과정에서 만들어진 것으로 장중한 장식미가 있다. 다만 획이 길고 복잡해서 상당한 훈련이 필요하다는 단점이 있다. 이에 비해 예서체는 전서체의 획을 간결하게 정리하여 가독성이 높다. 이 두 서체의 장점을 취한 것이 바로 팔분체로 나중에 해서체(楷書體)로 자리매김하였다. 그러나 우리나라에서는 팔분체가 그리 성행했던 것으로 보이지 않으며, 양주 회암사지 선각왕사비 비문과 조선 후기 문인서화가 능호관 이인상(凌壺觀 李麟祥, 1710~1760)의 글씨에서 볼 수 있다. 당나라 시인 두보는「이조팔분소전가(李潮八分小篆歌)」에서 아래와 같이 읊었다.

팔분체의 한 글자는 백금에 값하니	八分一字直百金
교룡이 서린 듯하고 획 또한 억세니라	蛟龍攀拏肉屈強

팔분체의 값어치를 백금에 비할 수 있다고 했으니 노회한 서예가라 할지라도 녹록치 않은 글씨체로 봤던 것이다. 용이 꿈틀거리

식영정이라 쓴 현판은 전서체(篆書體)로 격조 있고 단아하다.

듯 기운생동감을 느낄 수 있고 굵은 획에서 삿된 생각조차 함부로 들어올 수 없는 위엄을 주고 있다고 하겠다.

'대숲에 누우니 서석산이 마주하네'

현재 식영정 현판 글씨는 팔분체가 아닌 전서이며 정확하게는 소전(小篆)이다. 임진왜란 당시 불에 타버린 식영정을 이후에 중건하면서 현재까지 전해져 온 것이 아닌가 싶다. 현재 현판 글씨는 전남 보성 출신 송곡 안규동(松谷 安圭東, 1907~1987)이 썼다고 하나 관련 자료가 없어 정확치 않다. 식영정 아래 부용당 현판을 쓴 안규동이 식영정 현판까지 쓴 것이 아니겠는가 하고 짐작할 뿐 정확한 것은 아니다.

식영정에는 현재 14점의 현판이 걸려 있다. 이 중 한시만을 새겨 걸어놓은 시판(詩板) 10점으로 「식영정20영」을 지은 임억령, 김성원, 고경명, 정철의 시 각 1점, 민덕봉(閔德鳳, 1519~1573)의 차운시 1점, 정민하(鄭敏河, 1671~1754)의 원시와 이를 차운한 김진상(金鎭商, 1684~1755)의 시 1점, 정철의 관동별곡을 노래한 정민하의 시 2점, 정해승(鄭海承, 1821~1892)의 시 1점, 정해심(鄭海心, 1858~1907)의 시 1점, 정조원(鄭祚源, 1815~1886)의 시 1점, 정민하의 시 1점, 임억령의 「식영정기」 2점, 정호의 「식영정중수기」 1점 모두 14점이다.

대숲에 편안히 누웠더니　　　　　　　　高臥竹林間

누정에서 서석산 마주하네	亭臨瑞石山
봉우리에 걸린 구름 무심하여라	無心雲出岫
무엇이 주인의 한가함만 할까	何以主人閒

    송강 정철의 후손 정민하가 지은 「식영정」이다. 그는 임진왜란 이후 주인 없이 쇠락한 식영정과 서하당을 사들여 고쳐 지었다. 비록 그때의 모습이 아니어도 성산의 승경만은 변함없다. 누정 뒤 대숲에서 불어오는 바람소리 들으며 맞은편 무등산 산허리에 걸린 구름이 한가하기만 하다. 한가함을 즐겼던 옛 주인의 흥취를 짧고 간결한 다섯 글자에 자연스럽게 담고 있다.

    식영정을 노래한 대표적 작품은 임억령의 「식영정20영」이다. 식영정에서 가까운 곳에서 먼 곳까지 20개의 승경을 선택하여 지은 다섯 글자 네 줄로 이루어져 있다. 임억령은 식영정을 찾는 이마다 주변 풍경을 하나하나 설명하면서 이곳에서 사는 즐거움을 노래하며 자유자재한 생활모습을 보여주고 있다. 「식영정20영」은 식영정에서 바라본 경관을 장소에 따른 특성을 간추려서 노래한 작품이다. 곧 식영정 주변의 산, 마을, 시냇물, 숲, 들판의 모습을 구체적으로 묘사하면서 자연과 함께 하나가 되고자 하는 이상향을 공간의 인식 태도를 통해 보여주고 있다. 임억령의 「식영정20영」을 받아본 김성원, 고경명, 정철은 같은 제목으로 시상을 각기 달리 하여 독립적인 「식영정20영」을 지었으며, 「면앙정30영」, 「소쇄원48영」 등과 같이 누정제영시(樓亭題詠詩)라는 독특하고 관습

적인 제영시를 창작하기에 이르렀음을 알 수 있다.

임억령의 「식영정20영」
여기서는 임억령의 「식영정20영」을 살펴보기로 한다.

서석산에 한가로운 구름 떠돌고 서석한운	瑞石閑雲
뭉게뭉게 산마루에 오른 구름	溶溶嶺上雲
잠깐 나와 다시 흩어지네	纔出而還斂
그 누군가 구름처럼 한가할까	無事孰如雲
바라만 봐도 서로 싫증나지 않구나	相看兩不厭

무등산 산허리에 구름은 유유히 흐른다. 잠시 고개 돌려 딴청 피우면 구름은 금세 사라지고 없다. 한가함도 이와 같다면 언제 어디서 무엇을 하든 내 마음이 평안하지 않겠는가.

푸른 시내 흰 물결치고 창계백파	蒼溪白波
오랜 골짜기에 석양빛 비끼고	古峽斜陽裏
푸른 용 흰 물결 내뿜네	蒼龍噴水銀
주머니 속에 담을 수 있다면	囊中如可拾
더위 지친 사람들에게 전해주련만	欲寄熱中人

식영정 앞은 대숲과 솔숲으로 우거져 있어 시냇물은 언제나 푸른색을 띤다. 여름 한낮에 소나기라도 내렸을까. 산 계곡 위에서 물결치는 소리가 제법 크다. 굽이치며 일으키는 물보라 속에 석양빛이 담겨 있어 환상적인 분위기를 자아낸다. 시인은 혼자서 시원스런 풍경을 보기 미안했는지 물결치며 솟는 물방울이라도 주머니에 담아 더위에 지친 사람들에게 위로를 보내고 싶어 한다.

| 물가 난간에서 물고기를 보고 수함관어 | 水檻觀魚 |

나는 물가 난간에 기대어 섰고	吾方憑水檻
해오라기 또한 여울가에 서 있네	鷺亦立沙灘
백발은 비록 서로 같지만	白髮雖相似
나는 한가한데 너는 바쁘구나	吾閑鷺不閑

　난간에 팔 기대고 비스듬히 돌아앉는데 물가에서 물고기들이 뛰놀고 있다. 해오라기는 이 틈을 노려 물고기 사냥을 하고 있다. 물고기와 해오라기 저마다 하늘이 부여한 품성대로 살고 있으니 내가 걱정할 일이 아니다. 해오라기의 하얀 털과 시인의 하얀 머리가 동일감을 형성하고 있다.

| 남쪽 비탈에 오이 심고 양파종고 | 陽坡種苽 |

그늘진 곳 다 쉴 만하여	有陰皆可息
어느 땅이든 오이 못 심을까	何地不宜苽
가랑비에 호미 메고 서 있으니	細雨荷鋤立
푸른 도롱이 소소히 젖네	蕭蕭沾綠蓑

오이는 여름이 오기 전 5월 말에나 심는다. 오이는 수분을 많이 담고 있어 갈증과 더위를 식혀주는데 한여름에 안성맞춤이다. 과년(瓜年)이라는 말이 있다. 나이가 꽉 찼다는 뜻에서 부르는 말이다. 임억령에게 오이는 더 이상 관직에 나아가지 않고 귀거래(歸去來) 하겠다는 뜻으로 들린다. 호미 들고 가랑비에 도롱이 젖도록 서 있지만 전혀 개의치 않는 모습에서 전원생활의 즐거움을 엿보게 한다.

벽오동에 달 떠오르고 벽오량월   碧梧涼月

가을 산이 밝은 달 토하여	秋山吐涼月
힌밤 뜰 오동나무에 걸었네	中夜掛庭梧
봉황은 어느 때나 오려나	鳳鳥何時至
나는 이제 명이 다해가네	吾今命矣夫

식영정 뒤 별뫼에 가을달이 떠올랐다. 벽오동 나무에 걸렸을 때는 한밤중이니 시인은 밤늦도록 잠 못 이루고 있다. 봉황새가 날

아들면 그립고 반가운 임의 소식이라도 전해주기라도 하겠지만 언제 올 지 기약이 없다. 달빛만 빈 마당을 가득 채울 뿐이다.

푸른 솔에 맑은 눈 내리고 창송청설   蒼松晴雪

사람 자취 끊긴 갈림길에   萬徑人皆絕
푸른 솔 비스듬히 기울었네   蒼松蓋盡傾
바람 없어도 눈송이 떨어지니   無風時落片
한 마리 학 놀라 잠깨네   孤鶴夢初驚

간밤에 내린 눈 솔가지가 눈모자를 잔뜩 쓴 듯 비스듬히 내려앉았다. 천지사방 은빛세상은 바람 없이 고요하기만 하다. 한낮 햇빛에 눈도 그만 지쳤을까. 퍽하며 떨어지는 눈송이 정적을 깬다. 그 바람에 졸던 학이 놀라 날갯짓한다.

낚시바위에 소나무 마주 서 있고 조대쌍송   釣臺雙松

비에 씻긴 바위 티끌 하나 없고   雨洗石無垢
서리 맞은 소나무는 비늘 있네   霜侵松有鱗
이 늙은이 오직 알맞음만 취할 뿐   此翁唯取適
옛날 주나라 낚시꾼이 아니라네   不是釣周人

식영정 건너편에 푸르름으로 둘러싸인 환벽당이 있다. 그곳 주인은 눌재 박상 문하에서 같이 공부했던 김윤제다. 소년 송강 정철이 멱을 감던 바위에 소나무 두 그루가 서로 마주 보고 있다. 두 소나무는 임억령과 김윤제이다. 서로 말없이 바라만 봐도 통하는 마음 푸르도록 시원하다.

신령스런 못은 푸르름에 둘러 싸이고 환벽영추   環碧靈湫

맑은 못 백사장 물결 잔잔한데   澄湫平少浪
나는 듯 높은 누정 배와 같네   飛閣望如船
밝은 달 아래 피리 길게 부니   明月吹長笛
잠긴 이무기도 잠 못 들어 하네   潛蛟不得眠

환벽당 앞에는 용소(龍沼)라 부르는 신령스런 못이 있다. 그 못에서 이른 아침 안개가 피어오를 때 벼랑에 자리한 환벽당은 마치 구름 속에 뜬 배처럼 환상적인 분위기를 연출한다. 한밤 중 달빛 아래 피리 길게 불면 용소에 물결이 일렁인다. 아마도 피리 소리에 이무기도 잠 못 드는 것일까.

송담에 배 띄우고 송담범주   松潭泛舟

밝은 달 푸른 솔 아래   明月蒼松下

소나무 일산삼아 해 가리고

바위로 평상 삼아 턱 괴네

티끌세상 벗어난 곳이라

유월에 겹옷 입어도 서늘하구나

배 한 척 낚시터에 매었네	孤舟繫釣磯
모래톱에 한 쌍의 백로	沙頭雙白鷺
어이해 술자리 스쳐 날아가는가	爭拂酒筵飛

솔숲으로 둘러싸인 호수에 낚싯배를 한 척 띄워 호기롭게 술 한 잔하고 있다. 달빛에 일렁이는 물결 속에 시인도 일렁인다. 호수의 잔잔하고 고요한 분위기도 잠시. 물결 따라 흐른 배가 모래톱 가까이에 이르자 한 쌍의 백로가 놀라 푸드득 하고 날갯짓하며 날아가 버렸다.

석정에서 더위 식히고 석정납량　　石亭納涼

소나무 일산삼아 해 가리고	礙日松爲蓋
바위로 평상 삼아 턱 괴네	石作床搘頤
티끌세상 벗어난 곳이라	蕭然出塵世
유월에 겹옷 입어도 서늘하구나	六月裌衣涼

너럭바위 위에 소나무가지 저절로 그늘을 만들었구나. 턱 괴고 돌아눕는데 딱딱하고 울퉁불퉁한 바위 결이 온몸을 주무르는 듯하다. 세속 떨어져 지내니 아무도 보는 이 없다. 배고프면 밥 먹고, 졸리면 잠자고, 한여름 더위도 모른 채 세상일에 노닐고 있다. 이만한 호사가 따로 없다.

| 저물녘 학동에서 연기나고 학동모연 | 鶴洞暮煙 |

들판 집에 한 줄기 연기 피어나	孤煙生野店
아득히 산허리 휘감아 도네	漠漠帶山腰
솔숲의 학은 뭐할까	遙想松間鶴
깜짝 날아올라 둥지로 못 내려오려나	驚飛不下巢

고된 하루 일과 끝내고 이 집 저 집에서 저녁밥 연기 피어오르고 있다. 마치 구름이 낮게 일어난 것처럼 산허리를 휘감고 돌아간다. 일용할 양식이 있다는 것만으로도 감사할 일이다. 고소하게 타는 냄새에 기분이 좋다. 낯선 연기에 깜짝 놀란 학은 공중에 허둥거리고 있다.

| 너른 들판에 목동은 피리 불고 평교목적 | 平郊牧笛 |

목동이 뒤로 소를 타고	牧童倒騎牛
가랑비 속 너른 들 지나가네	平郊細雨裏
길손이 술집을 물으니	行人問酒家
피리로 산마을 가리키네	短笛山村指

소꼴 베러 나간 목동이 집에 돌아갈 시간이 되자 소등에 올라타 흥에 겨워 풀피리를 분다. 가랑비 내리고 있지만 개의치 않는 표

정이다. 지나가는 나그네가 술집이 어디에 있느냐고 물었더니 피리 부는데 방해하지 말라며 고갯짓으로 가리킨다.

스님 다리 건너 돌아가고 단교귀승   短橋歸僧

깊은 골짜기 비낀 모랫길   深峽橫沙路
외딴 마을 비추는 석양빛   孤村照夕曛
못 아래 드리운 지팡이 그림자   一筇潭底影
두 눈은 산마루 구름   雙眼嶺頭雲

저 멀리서 스님이 깊은 골짜기 다리를 건너고 있다. 바랑을 메고 저물녘 석양빛 외딴 마을로 가는 스님의 지팡이가 길게 비친다. 스님의 두 눈은 산마루 구름에 닿아 있다. 산속으로 들어간 스님이 사라졌다. 달이 떠오르고 있다.

흰 백사장에 오리 졸고 백사수압   白沙睡鴨

시냇가 모래밭은 희디희고   溪邊沙皎皎
모래밭 위 오리는 곱디곱네   沙上鴨娟娟
해객은 세상사 잊은 지 오래   海客忘機久
솔 사이 마주하고 존다네   松間相對眠

식영정 앞 창계천 모래밭은 석양빛을 받아 눈부시도록 맑다. 오늘따라 오리들은 제 빛깔을 단장했는지 더욱 곱다. 해객(海客)은 시인의 고향 해남을 말한다. 고향 떠나 이곳 성산동에 지내고 있으니 나그네 신세가 아니겠는가. 자연 속에 함께 노닐고 있어 세상사에 이미 초연했으니 잠이 오면 잘 뿐이다.

| 가마우지 바위 노자암 | 鸕鷀巖 |

푸른 바위 물 가운데 있고	蒼石水中央
석양빛 어른거리네	夕陽明滅處
길손에 놀란 가마우지	鸕鷀驚路人
영추로 날아가 버리네	飛向靈湫去

식영정 앞 개울에 가마우지가 즐겨 앉는 바위섬이 있다. 석양빛 어른거릴 때 잠시 졸던 가마우지는 지나가는 나그네의 분주한 발걸음에 놀라 저쪽 환벽당 용소로 바삐 날아가 버렸다. 지금은 광주호로 변해 버려 옛 모습은 온데간데없어 아쉽기만 하다.

| 배롱나무 물가 자미탄 | 紫微灘 |

| 누가 귀한 물건 가져다가 | 誰把中書物 |
| 여기 산골 시내에 심었나 | 今於山澗栽 |

| 선경으로 꾸며 물이 비치니 | 仙糚明水底 |
| 새와 물고기 놀라 의심하네 | 魚鳥亦驚猜 |

한여름을 수놓는 진귀한 꽃을 누가 익히 알고 여기다가 심었을까. 줄지어 선 배롱나무에 붉은 색감 뚝뚝 떨어진다. 위쪽 붉은 꽃이 아래쪽 개울가에 비치니 물결도 붉게 일렁거리며 흐른다. 새들도 물고기들도 놀란다. 신선세계가 있다면 아마도 이와 같지 않을까.

복사꽃 핀 길 도화경	桃花逕
안개 속 돌길은 좁아지고	石徑雲裡小
비온 뒤 복숭아꽃 정갈하네	桃花雨剪齊
더구나 오늘 고요함 더하니	更添今日寂
옛 사람도 길 헤맨 것 같네	正似昔人迷

봄날 안개 핀 날 복사꽃 핀 길을 거닐면 꿈속을 거니는 것 같다. 오늘처럼 인적이 드문 날이면 발걸음조차 내딛기 조심스럽다. 신선들이 노니는 세계는 어떤 모습일까. 꿈이어도 좋으니 깨지 않았으면 좋겠다.

| 향긋한 풀 방초주 | 芳草洲 |

맑은 모래 눈처럼 하얗고	晴沙明似雪
잔풀은 솜보다 부드럽네	細草軟勝綿
저기 머리 흰 늙은이는	中有白頭叟
누런 송아지 따라 한가하게 자네	閒隨黃犢眠

향기로운 풀이 우거진 모래톱에 송아지 한 마리 유유히 풀을 뜯어먹고 있다. 흰머리 노인은 모래에 누워 있다. 모래가 온몸을 편안하게 감싸 쥐었기에 달콤한 잠을 이루고 있지 않을까. 혹 저 노인이 신선이 아닐는지.

| 연꽃 부용당 | 芙蓉堂 |

흰 이슬 연잎에 어리고	白露凝仙掌
맑은 바람 사향내 풍기네	淸風動麝臍
내가 쓴 시 없어도 괜찮으니	微詩可以削
신묘한 말은 염계에 있구나	妙語有濂溪

연잎에 떨어진 물이 젖지 않고 방울져 바람에 떨어진다. 진자리를 마다하지 않고 핀 연꽃 향내는 맡을수록 점점 더 맑아진다. 3구의 '微詩'는 현판에 새겨진 것인데, 『석천집』에는 '微時'라 쓰여

있다. 둘 다 음은 같지만 뜻은 다르다. '微時'는 보잘것없던 때를, '微詩'는 당나라 때 시인 두목(杜牧, 803~852)의 시를 말한다. 두목은 두자미(杜紫微)로도 불렸다. 여기서는 시 흐름상 '微詩'가 맞는 것 같다. 이미 주돈이(周敦頤, 1017~1073)이가 「애련설(愛蓮說)」에서 연꽃에 대해 모두 말했으니 두자미의 시는 그저 군더더기일 뿐이다.

신선이 노니는 동네 선유동	仙遊洞
푸른 시내의 작은 동천	蒼溪小洞天
밝은 달 맑은 바람 속에 있네	明月淸風裏
때마침 우의 입은 노인 내려왔지만	時下羽衣翁
무슨 도사인지 알 수 없구나	不知何道士

선유동은 신선들이 노니는 동네이다. 혹자는 식영정이라고도 하고, 성산동 계곡이라고도 한다. 하지만 어디인들 무슨 상관이랴. 달 밝고 바람 맑으면 그곳이 바로 신선세계 아니겠는가.

5
식영정의 어느 여름날

　김성원의 문집 『서하당유고』에는 〈성산계류탁열도(星山溪柳濯熱圖)〉 목판그림 한 장이 실려 있다. 1590년 한여름날 11명의 선비들이 성산 일대의 식영정과 서하당 그리고 환벽당 주위에 모여 탁열세시풍속을 즐기고 있는 모습이다. 오직 목판그림 한 장에 의지하여 2012년 8월 광주문화재단에서 16세기 선비들의 여름나기 행사를 재연하였는데 언론은 물론 시민들에게 큰 호응을 받았다. 이는 〈성산계류탁열도〉가 전통문화콘텐츠로서 가능성이 있다는 뜻이며, 앞으로 이 행사를 정례화하려면 각 분야의 다각적인 검토가 더욱 절실하다는 뜻이기도 하다.

목판본 〈성산계류탁열도〉

　『서하당유고』는 김성원의 9세손 김홍헌(金洪獻)이 상·하 2권으로 편집하여 간행하였으며, 이도중(李度中, 1763~?)의 서(序)와 〈

성산계류탁열도(星山溪柳濯熱圖)〉
와 〈탁열도제현목록(濯熱圖諸賢目
錄)〉이 앞부분에 실려 있다.

서(序), 행장(行狀), 연보(年譜)를 쓴 사람들의 생존시기가 모두 다른 점으로 보아 정확한 간행시기를 알 수 없다. 이들의 생존시기가 다른 것은 6세손 김중기가 김성원의 문집을 간행하기 위해 미리 받아두었으나 사정이 여의치 못해 실행을 못했던 것으로 보인다. 9세손 김홍헌이 쓴 발문에 병자년(丙子年)이라 했으니 1876년 이후에 간행이 이루어졌던 것으로 추정할 수 있다.

『서하유집』, 한국가사문학관 소장

이도중이 쓴 서문의 내용을 살펴보면 김성원은 효행으로 이름났으며, 임진왜란 때 공이 높아 그의 시문이 후세에도 높이 평가받았다고 했다. 한 인물의 학문이나 절행(節行)이 뛰어나면 그의 문장도 후세에 길이 전해지는 것이라고 이도중은 부연하고 있다. 그의 사후에 가세가 영락하여 그 글들도 빛을 발하지 못함을 안타깝게 여겨 그의 후손들이 가장(家狀)과 여러 집안의 문집 중에서 김성원과 관련 있는 내용을 찾아 연보와 가장을 덧붙여 간행하였음을 밝히고 있다.

「연보」에 따르면, 1590년(선조 23년) 여름(6월)에 설월당 김부

성산계류탁열도 목판본

륜 등 11명과 함께 식영정에 탁열을 위해 모였다고 한다. 목판그림을 자세히 보면 위쪽 성산을 배경으로 한두 정자가 다리를 사이에 두고 자연스럽게 이어져 있다. 계곡 양쪽에는 버드나무가 연이어 있으며, 환벽당 앞 커다란 바위가 유난히 돋보인다. 한낮 여름의 무더위를 전하기라도 하는 듯 바위 위의 노송은 무기력하게 가지를 길게 늘어뜨려 전체적인 분위기를 지배하고 있다. 오른쪽 2층 형태의 누각으로 보아 당시 전성시대 환벽당의 규모를 짐작케 한다.

  갓 쓴 유생차림을 한 사람이 19명, 시종으로 보이는 사람이 16명, 모두 35명이 등장한다. 유생들은 단정히 앉아 있으며, 시종들은 그릇을 가져다가 상을 차리는 등 자연배경이 적막한 데 비해 사람들은 분주한 모습이다.

목판그림 속의 식영정과 서하당, 환벽당은 오늘날의 모습하고는 확연히 다르다. 1976년에 광주호를 조성하면서 식영정 앞 벼랑인 석병풍을 폭파한 까닭이다. 1970년대 산업개발이라는 미명하에 우리의 소중한 자연문화유산이 가뭇없이 사라지고 말았다. 대신 호수생태공원 앞에 남은 일곱 개의 커다란 바위만이 그 시절을 기억할 뿐이다.

〈성산계류탁열도〉는 정암수(丁巖壽, 1534~?)의 『창랑유집(滄浪遺集)』에도 실려 있다. 두 문집에 실린 목판 그림을 대조해 보면 같은 판본임을 알 수 있다. 『창랑유집』의 간행 시기는 분명치 않으나 송달수(宋達洙, 1808~1858)가 묘갈명(墓碣銘)을 쓴 시기가 1855년으로 나오는 것으로 보아 『서하당유고』와 비슷한 시기에 간행된 것으로 보인다. 만일 김성원이나 정암수의 문집을 별도로 간행했다면 목판과 문집의 사주단변(四周單邊) 크기가 동일해야 하는데 실상은 목판이 문집보다 더 큰 형태를 보이고 있다. 짐작컨대 이 목판그림은 16세기 당대의 탁열세시풍속을 목판으로 제작하여 보편적으로 유통되었던 것으로 보이며, 김성원과 정암수의 문집 간행 때도 남아 목판도를 삽입한 것으로 추측할 수 있다.

여기서 한 가지 의문이 드는 것은 〈성산계류탁열도〉의 주체가 누구인가 하는 문제다. 기존에는 『서하당유고』에 실려 전했기에 탁열세시풍속 행사의 주체를 자연스럽게 김성원으로 인식했다.

그러나 『창랑유집』에도 실려 있는 것으로 보아 탁열행사는 특정인이 주최하여 만든 자리가 아니라 16세기 성산 일대에 이미 보편화된 풍속행사가 아니었을까 추측해볼 수 있다. 이는 앞서 언급한 김성원의 「연보」에서 식영정에서 탁열행사에 참가했다고만 한 것으로 보아 1590년 여름에 한해 김성원이 좌장을 맡아 식영정에서 탁열세시풍속 행사를 열었던 것으로 보인다. 목판그림은 이를 기념하기 위해 별도로 새겨 시중에 유통시킨 것으로 추정할 수 있다. 이렇게 본다면 〈성산계류탁열도〉는 당시 해마다 여름이면 성산 일대에서 보편적으로 행해졌던 탁열세시풍속 행사인 것으로 짐작할 수 있다.

열한 명의 선비와 두 편의 시

목판그림 다음에는 〈탁열도제현명록(濯熱圖諸賢名錄)〉이라 하여 11명의 인물을 호(號), 인명(人名), 자(字), 거주지(居住地), 본관(本貫) 순서로 나열하고 있다. 여기서 배열순서는 『서하당유고』와 『창랑유집』 둘 다 일치하고 있다. 그 다음으로는 김부륜(金富倫)과 오운(吳澐)이 서로 운(韻)을 맞춰 지은 시 두 편을 곁들이고 있다. 여기서 시 두 편은 탁열세시풍속 현장에서 바로 지은 것이 아니고, 그해 초겨울에 시축을 따라 지었다고 밝히고 있다.

먼저 각 인물에 대한 간단한 소개를 곁들이면서, 이들의 교유관계를 아울러 살펴보고, 마지막으로 탁열세시풍속을 읊은 시문 두 편에 대한 해설을 곁들이기로 한다.

김복억(金福億, 1542~1600)

자(字)는 백선(伯善), 호(號)는 율정(栗亭) 또는 사우당(四憂堂)이다. 본관은 강진(康津), 정읍 칠보면에서 출생하였으며, 부친은 청백리로 이름난 성재(誠齋) 김약묵(金若默, 1500~1558)이다. 이항(李恒, 1499~1576)에게서 수학하였으며, 기대승(奇大升, 1527~1572), 정철(鄭澈, 1536~1593), 이준민(李俊民, 1524~15 90) 등과 교유하였다. 1569년 효행(孝行)으로 천거 받아 참봉(參奉)에 제수되었다. 1573년에 사마시에 합격하여 회덕현감, 김제군수를 지냈다. 벼슬을 사양하고 집에 있던 중 임진왜란 때 김후진(金後進) 등과 의병을 모집하였다. 1593년에 홍주목사(洪州牧使)와 이천부사(利川府使)에 제수되었으나 사양하였다. 스스로 사우당(四憂堂)이라 하였는데, 이는 신우(身憂), 도우(道憂), 군우(君憂), 민우(民憂) 등 네 가지 근심을 말한 것이다.

김부륜(金富倫, 1531~1598)

자(字)는 돈서(惇敍), 호(號)는 설월당(雪月堂)이다. 본관(本貫)은 광산(光山), 부친은 생원 김수(金綏)이다. 경북 안동에서 태어났으며, 이황(李滉, 1501~1570)에게서 수학하였으며, 김성일(金誠一, 1538~1593), 이발(李潑, 1544~1589) 등과 교유하였다. 1555년 사마시에 합격하였다. 1572년 유일(遺逸)로 천거받아 참봉(參奉)에 제수되었으나 부임하지 않았다. 1585년 전라도 동복현감(同福縣監)으로 부임하여 향교(鄕校)를 중수하고 사재를 털어 서적 8백

여 권을 구입하였으며 교육에 힘썼다. 임진왜란이 일어나자 가산을 털어 향병(鄕兵)을 도왔다. 만년에 관직에서 물러난 뒤 고향마을에 이황이 써준 글씨로 설월당이라는 정자를 짓고 후진을 양성하는 데 전념하였다.

최경회(崔慶會, 1532~1593)

자(字)는 선우(善遇), 호(號)는 삼계(三溪) 또는 일휴당(日休堂), 시호(諡號)는 충의(忠毅)이다. 본관(本貫)은 해주(海州)이며, 부친은 최천부(崔天符)이다. 전라도 능주에서 태어났다. 양응정(梁應鼎, 1519~1581)과 기대승(奇大升)에게 수학하였으며, 1567년 식년문과(式年文科)에 합격하였다. 고향에서 시묘살이 하던 중에 임진왜란이 일어나자 최경운(崔慶雲), 최경장(崔慶長) 두 형과 함께 의병을 모집하였다. 고경명(高敬命, 1533~1592)의 병력과 합세하여 의병장에 추대되었다. 전북 장수에서 왜군과 맞서 싸웠고, 금산 우지치(牛旨峙)에서 퇴각하는 왜군을 크게 격파하였다. 이 공을 인정받아 경상우병사에 임명되었다. 1593년 6월 가등청정(加藤淸正)이 진주성을 다시 공격하자 김천일(金千鎰, 1537~1593), 황진(黃進, 1550~1593), 고종후(高從厚, 1554~1593) 등과 함께 진주성 사수에 실패하여 남강에 투신하였다. 사후 좌찬성(左贊成)에 추증(追贈)되었다.

오운(吳澐, 1540~1617)

자(字)는 태원(太源), 호(號)는 율계(栗溪) 또는 기오헌(寄傲軒)이다. 본관(本貫)은 고창(高敞)이며, 부친은 오수정(吳守貞)이다. 경남 함안에서 태어났으며, 이황(李滉)과 조식(曺植, 1501~1572)에게서 수학하였다. 1566년 별시문과(別試文科)에 급제하였으며, 1583년 함경도 경원에서 번호(藩胡)의 난을 진압하여 공을 세웠다. 1589년 광주목사(光州牧使)가 되었다. 1592년 임진왜란이 일어나자 의령에서 의병을 일으켜 곽재우(郭再祐, 1552~1617)와 함께 활약하였다. 1593년 상주목사가 되고, 이듬해 합천군수를 지냈다. 1597년 정유재란 때 다시 합천부근의 왜군을 쳐서 공을 세워 권율(權慄, 1537~1599)의 추천으로 통정대부(通政大夫)에 올랐다. 1616년 공조참의(工曹參議)에 올랐으나 병으로 사직하였다. 그가 남긴 문집으로 『죽유집(竹牖集)』이 있으며, 『동사찬요(東史纂要)』를 개찬(改撰)하였다.

양자정(梁子澂, 1527~1597[?])

자(字)는 수명(季明), 호(號)는 지암(支巖) 또는 부훤당(負暄堂)이다. 본관(本貫)은 제주(濟州)이며, 부친은 소쇄원(瀟灑園)을 건립한 양산보(梁山甫, 1503~1557)이다. 그에 관해서는 자료가 거의 없다. 그가 돌아간 해조차 불분명하며, 이는 당시 담양 창평 일대에 불어닥친 임진왜란의 피해가 극심하였는데, 양자정 또한 그 여파로 죽음을 당한 것이 아니겠는가 하고 추정할 뿐이다. 소쇄원 경내에 부훤당(負暄堂)은 그가 거처한 건물이며, 이곳에서 고경명(高敬命), 김성원(金成遠), 정철(鄭澈) 등 당대의 명사들과 가까이 지냈음을 『소쇄원사실(瀟灑園事實)』에 수록된 시문(詩文)을 통해 짐작할 수 있다.

김성원(金成遠, 1525~1597)

자(字)는 강숙(剛叔), 호(號)는 인재(忍齋)이다. 본관(本貫)은 광산(光山)이며, 전라도 담양 창평에서 태어났다. 어려서 부친을 여의었으며, 종숙부(從叔父)인 김윤제(金允悌, 1501~1572)에게서 수학하였다. 1559년 생원시에 합격하였으며, 1580년 효행(孝行)으로 천거(薦擧)되어 참봉(參奉)이 되었다. 1592년 동복현감(同福縣監)이 되었다. 『서하당유고』에 따르면, 임진왜란 때 의병(義兵)과 군량(軍糧)을 조달한 절의(節義)가 있었으며, 정유재란 때 노모와 함께 동복 성모산으로 피난을 가다가 적을 만나 어머니를 안고 함께 죽음을 당했다고 한다. 임억령(林億齡, 1496~1568)은 스승이자 장인이다.

정암수(丁巖壽, 1534~?)

자(字)는 응룡(應龍), 호(號)는 창랑정(滄浪亭)이다. 본관(本貫)은 나주(羅州)이며, 부친은 정진(丁晉)이다. 전라도 화순 동복에서 태어났다. 그는 중풍에 걸린 어머니를 잘 봉양한 효행으로 1655년에 정려(旌閭)를 내려받았다. 고향에 창랑정(滄浪亭)을 짓고 정철(鄭

瀿) 등 여러 문인과 교유하였으며, 1589년 박천정(朴天挺) 등과 함께 이산해(李山海), 정언신(鄭彦信), 정인홍(鄭仁弘), 류성룡(柳成龍) 등을 멀리할 것을 청하는 상소를 왕에게 올렸다. 상소를 올린 여파로 추국(推鞫)을 당할 위기에 놓였으나 사헌부와 사간원 등이 그의 탄원을 요구하는 상소를 올려 구원받았다. 그가 남긴 문집으로 『창랑유집(滄浪遺集)』이 전한다.

정대휴(鄭大休, ?~?)

자(字)는 경명(經明), 호(號)는 매헌(梅軒)이다. 본관(本貫)은 광주(光州)이며, 전라도 광주 덕산면(德山面)에서 태어났다. 선릉참봉을 지낸 정함(鄭涵)의 아들이며, 관찰사(觀察使)를 지낸 정만종(鄭萬鍾)의 손자다. 『광주읍지』에 임진왜란 때 참봉으로서 의병을 일으켰다가 순절하였다는 기록이 남아 있으며, 그밖에 자세한 것은 자료가 전하지 않아 알 수 없다.

김사로(金師魯, ?~?)

자(字)는 기성(期聖)이며, 호(號)는 환벽당(環碧堂)이다. 항간에는 그가 환벽당을 지은 김윤제(金允悌)의 조카라고도 한다. 환벽당이라 호를 언급한 것을 보면, 김윤제의 후손임은 분명하나 무슨 까닭에서인지 『광산김씨족보』에서도 보이지 않는다.

김영휘(金永暉, ?~?)

자(字)는 국서(國舒), 호(號)는 석월헌(石月軒)이다. 본관(本貫)은 울산(蔚山)이며, 자세한 집안 내력을 알 수 있는 자료가 전하지 않는다. 그에 관해서는 정홍명(鄭弘溟, 1592~1650)의 문집에 다음과 같은 내용이 전한다.

> 영휘는 자가 국서요, 집이 광주 석보촌에 있었는데, 한평생 문을 닫고 양생하며 수련하는 방법을 매우 좋아하였다. 집 둘레에 구기자나무를 가득 심고, 그 뿌리와 가지로 좁쌀을 쪄서 밥을 지으며, 그 잎과 열매로 나물을 하고 술을 빚어서 항상 먹고 마시며 때로 뜻이 맞는 친구가 오면 문득 내놓고 권하였다. 재주와 학식이 비범하고 언어가 강개하여 사람들을 감동시킬 만하였다. 내 어릴 적에 함께 놀았는데, 얼굴이 환하여 자연에 묻혀 사는 선비의 골격이었다. 술을 마시면 늘 마음을 털어놓고 못할 말이 없이 하면서, 서로 알기가 늦었다고 하였다. 나이 60이 못 되어 아무 병도 없이 세상을 떠났다. 영남 사람 곽재우가 일찍이 말하기를, '우연히 난리 중에 김영휘를 만나서 양생법을 알았다' 고 말했다.

위 내용을 보면 그가 도가의 수련에 심취했으며, 자연 속에 묻혀 사는 선비의 기질을 가지고 있었음을 짐작할 수 있다.

임회(林檜, 1562~1624)

자(字)는 공직(公直), 호(號)는 관해(觀海) 또는 학송헌(鶴松軒)이다. 본관은 평택(平澤)이다. 부친은 임수정(林貞秀)으로 정철(鄭澈)의 제자이자 사위이다. 1611년 늦은 나이에 별시문과에 합격하였으며, 성균관전적(成均館典籍)이 되었으나 정인홍(鄭仁弘)과 이이첨(李爾瞻)에게 모함을 당하여 경상도 양산에 유배되었다. 1623년 인조반정(仁祖反正)으로 예조정랑에 복직하였으며, 신흠(申欽, 1566~1628)의 추천으로 광주목사(廣州牧使)가 되어 남한산성(南漢山城) 구축에 공을 세웠다. 1624년 '이괄의 난'을 진압하면서 전사하였다.

이상으로 11명의 인물을 살펴보면 이들은 성산과 가까운 곳에서 살며 서로 잦은 교유를 가졌던 것으로 보인다. 이들은 유생이자 지식인으로 서로 만나서 학문과 사상을 논하는가 하면, 시회(詩會)를 자주 열었을 것으로 보인다. 이는 이전 세대인 송순(宋純, 1493~1582)의 면앙정가단(俛仰亭歌壇)과 임억령(林億齡)이 이끌었던 식영정가단(息影亭歌壇)의 사례에서 보듯이 식영정과 서하당을 중심으로 한 시회(詩會)를 통해 계산풍류(溪山風流)의 모습을 구현했을 것으로 생각할 수 있다.

이어서 그해 초겨울에 두루마리에 시축을 따라 지었다고 하는 두 편의 시를 살펴보기로 한다.

하던 일도 팽개치고 세상 인연도 털고	抽身簿領罷塵緣
한여름 불볕더위 씻어보고자 하네	要洗炎蒸六月天

석양에 구름 흘러가 부채 쥐며 노래하는데

바람이 가을 향기 보내서 춤추는 자리에 젖어드네

우습도다 마을 꼬마들 나란히 손뼉 치는데

술 취한 늙은이는 놀라서 깨지도 않네

장사보다 적어도 모두 재상이고	少八長沙會時宰
두목보다 많아도 모두 신선이라네	多三杜曲飮中仙
맑은 물에 돌 던지고 붉은 난간 흔드는데	淸川抱石搖朱檻
빽빽한 풀숲에 잇다른 소나무 그늘자리 곱도다	密草連松蔭彩筵
꿈으로 사라질까 덜컥 겁나는데	却怕闌珊成一夢
마침내 좋은 경치 용이 잠을 청하네	終敎勝事付龍眠

첫 번째 시는 김부륜이 지었다. 그는 1585년부터 1590년 가을까지 동복현감으로 재직했다. 그는 그해 여름날 성산에서 탁열세시 풍속을 즐기고 가을에 고향으로 돌아갔으니 이 시는 그가 고향에서 그날을 추억하면서 지은 것으로 볼 수 있다.

한여름의 불쾌지수는 만사를 귀찮게 할 만큼 높다. 그는 공무 중 일을 잠시 제쳐두고 성산계곡으로 달려간다. 막상 당도해보니 저마다 재상(宰相) 못지않은 당찬 인물들로 가득 찼다. 한마디로 일당백의 인물들만 모였다. 시재(詩才) 또한 당나라 때 유명한 시인인 두목(杜牧)보다 뒤떨어지지 않을 정도이다. 정자의 붉은 난간에 기대고 계곡물에 돌 던지는 호기로움은 신선의 모습과 다를 바 없다. 가득 우거진 풀숲과 길게 늘어진 소나무 그늘이 곱다는 표현은 '나'와 '너'라는 분별이 사라진 경지를 말해준다. 한여름 날에 즐기는 낮잠은 행여 이 좋은 경치가 꿈이 아닐까 하는 걱정을 덜어줄 정도로 달콤하다.

시냇가 다리에서 말 내려 힘들게 올라오니	溪橋舍馬費攀緣
푸른 대나무 우거진 소나무가 조그마한 별천지	翠竹蒼松小洞天
머리 희끗한 도사가 지초를 캐니	皓首黃冠採芝老
책 속에 전하는 단약을 자하선인이 먹었도다	青編丹竈飮霞仙
석양에 구름 흘러가 부채 쥐며 노래하는데	雲移夕照明歌扇
바람이 가을 향기 보내서 춤추는 자리에 젖어드네	風送秋香襲舞筵
우습도다 마을 꼬마들 나란히 손뼉 치는데	笑殺村兒齊拍手
술 취한 늙은이는 놀라서 깨지도 않네	不會驚罷醉翁眠

두 번째 시는 오운이 지었다. 그는 당시 광주목사로 재직 중인 고위관리였다. 여름 더위를 씻어내자는 벗의 부름을 받고 말 타고 찾았다. 정자는 가파른 벼랑 위에 있어 오르기 쉽지 않다. 그러나 사방을 둘러보니 대나무와 소나무로 가득 차 있으니 여기가 바로 별천지가 아니고 무엇이겠는가. 저마다 신선이라도 된 듯이 춤을 추며 노래 부른다. 때마침 부는 저녁 바람에 가을 냄새까지 담겨 있으니 더욱 흥이 돋았다. 동네꼬마 아이들이 수군거리며 흉봤지만, 이미 물아일체(物我一體)에 젖었으니 양반의 체통 따위야 무슨 대수겠는가 하는 표정이다. 요란한 박수 소리에도 깨지 않고 꾸벅꾸벅 조는 늙은이 모습은 묘한 정적감마저 느끼게 한다.

두 편의 시가 서로 운(韻)을 맞춰 지은 것임을 알 수 있다. 정황상 누군가가 먼저 시를 짓고 이에 화답하여 차운(次韻)하였을 것으로 추정하나 자세한 내용을 알 수 없다. 두 사람 외에 다른 사람도

시를 짓지 않았을까 하고 여타 문집을 살펴봤으나 필자의 과문한 탓인지 아직 찾지 못했다.

위 두 편의 시를 〈성산계류탁열도〉 목판그림과 함께 잘 살펴보면 그날의 상황이 연상된다. 갓 쓴 유생들이 저마다 정자에서 또는 다리에서 술상을 받아들고 서로 담소하는 모습이다. 정자 주변에 길게 늘어진 노송은 한여름 날의 한가로움을 더욱 돋보이게 한다. 술이 몇 순배 돌고나면 흥에 겨워 시회도 무르익었을 것이다.

선인들이 '탁족', '탁열'을 즐겨했던 사연

여름 더위를 다스리는 방법으로 탁족풍속과 탁열풍속이 있다. 탁족이 계곡에 발을 담가 아래에서 올라오는 시원함을 즐기는 것이라면, 탁열은 한여름으로 인해 쇠해진 몸을 음식으로 보양하는 의미를 가지고 있다. 이 둘은 서로 병행하기도 하면서 개별적으로 이루어지기도 한다. 탁족은 중국 전국시대 초나라 때 굴원(屈原)의 「어부사(漁父辭)」 가운데 '滄浪之水淸兮/可以濯吾纓/滄浪之水濁兮/可以濯吾足'에서 유래한 것이다. 창랑의 물이 맑으면 도의가 실현되었기에 선비가 나아갈 수 있는 세상을 뜻하며, 창랑의 물이 흐리면 도의가 무너졌기에 선비가 나아갈 수 없는 세상을 뜻한다. 이로 보면 '탁족'은 흐린 세상에서 선비의 이상향을 유지한 채 강호자연에 묻혀 사는 것을 상징하는 말로 쓰였다.

탁족은 본래의 의미와는 다르게 자연친화적인 의미로 변하였다. 이후 탁열풍속과 같이 즐겨 사용하면서 자연을 완상하는 기호취

미로 점차 변하게 되었던 것이다. 탁열과 탁족은 시인묵객들의 단골 소재가 되었다. 그중 대표적인 시 한 수 살펴보기로 한다.

소나무 수십 그루 아래 언덕은 평평하고	數株松下一丘平
용솟음쳐 길게 흐르는 바위계곡이 맑네	混混長流石澗淸
티끌세상 아직 다 씻지 못해 두렵지만	却恐塵蹤除未盡
이따금 더위 씻고 내 갓도 씻겠네	時能濯熱濯吾纓

조선 전기 이석형의 시이다. 1, 2구에서 시인은 주변 풍경에 대해 서경(敍景)을 읊고 있다. 소나무 숲 우거진 평평한 곳에 자리 잡고 앉아 계곡에 발을 담갔다. 굽이치는 계곡물이 물보라를 일으키면서 마음속이 시원하고 개운하다. 그러나 3, 4구에서는 시상이 서정(敍情)으로 전환되어 티끌세상에 대한 두려움을 토로하고 있다. 행여 자신의 그릇된 행실로 인해 세상을 더욱 혼탁하게 한 것은 아닌가 하고 걱정한다. 그러나 걱정했던 마음도 잠시일 뿐 4구에서 시인은 탁족의 즐거움을 계속 이어간다. 오로지 계곡가에서 발을 담가 더위를 씻어 기분이 상쾌한데 이게 바로 뜻있는 세상에서 함께하고 있는 것이 아니겠는가 하고 은연중에 말하고 있다.

이처럼 선비들에게 탁열과 탁족은 도의(道義)가 실현되기를 바라는 도학 이상주의와 강호자연에서 풍류를 즐기고자 하는 기호 취미의 의미가 함께 있었던 것이다. 탁족으로 여름날의 시원함을 만끽하면서 동시에 음식으로 몸을 보양하는 등 탁열세시풍속은 정신과 육체를 온전히 하려는 적극적 행위로 이해할 수 있겠다.

〈성산계류탁열도〉 재연 행사

〈성산계류탁열도〉 재연 행사를 보기로 한다. 재연의 대본은 1590년 당시를 기준으로 했으며, 당시의 시대상황과 풍속에 상상력을 더해 작성하였다. 의복, 음식 등 소품 또한 일부 전문가의 고증을 거쳤다. 재연과정은 사건 전개 진행상 주제별로 나누어 6단계로 분석할 수 있다.

1) 탁열세시풍속행사의 시작

탁열세시풍속행사의 시작

① 11명의 선비들이 약속한 시간과 장소에서 서로 만나 읍을 한다.
② 정암수와 최경회는 몸이 불편하여 각각 말과 사인교를 타고 오는 장면으로 설정하였다.
③ 좌장을 맡은 김성원이 오늘 모임의 의미에 대해 풀이한다.

"안녕들 하시오. 본격 더위가 시작되는 오늘 초복 날에, 속세의 시름과 더위를 피하고자 푸르름이 둘러쳐진 집이라는 환벽당 아래에 많이들 모였구려. 이곳 환벽당은 나의 숙부인 사촌 김윤제 선생이 후학을 양성하기 위해 지은 누정이요. 오늘 나는 성산의 아름다운 자연 속에서 복달임을 하고자 내 벗들을 이곳에 초대했다오. 여러분들도 오늘 우리와 함께 복놀이를 함께 하며 삼복더위를 괴롭게만 여기는 것이 아니라 오히려 즐기는 자리가 될 수 있길 바라오."

④ 김성원을 제외한 나머지는 오늘 초대에 감사하면서 서로 그간의 안부를 여쭈며, 탁족 장소로 향하면서 한마디 덧붙인다.

"자, 모두 여기까지 귀한 발걸음 해주셔서 고맙소. 책상머리 앞에서 학문을 논하는 것도 좋지만 성산의 맑은 물과 향기로운 나무 그늘에 몸을 맡기고 시를 읊으며 더위를 나는 것도 좋은 일 아닐까 싶소. 그래서 여러분을 이곳 성산까지 오시라고 했다오. 이제 시원한 물가로 가서 더위 좀 식혀보는 건 어떠실지. 자, 저쪽으로 가봅시다."

2) 용소(龍沼)에 모여 탁족하며 토론하기
① 탁족 장소는 환벽당 아래 용소라 부르는 계곡이다. 〈성산계류탁열도〉에 따르면 식영정과 환벽당 사이에 있는 다리 부근인데, 현재의 모습과는 달라 이곳으로 설정하였다.
② 탁족을 준비하는 시녀 3명이 수건과 대야를 갖다준다. 일부는 계곡물에 직접 발을 담근다.
③ 탁족을 하면서 학문과 사상 그리고 시국에 대한 토론을 주고받는다.

용소(龍沼)에 모여 탁족하며 토론하기

④ 정암수가 동복에 창랑정이라는 정자를 지은 얘기를 하며, 식영정의 의미에 대해서 묻자, 김성원이 『장자』의 내용을 곁들이며 대답한다.
⑤ 김부륜이 사재를 털어 책 800여 권을 구입한 동기에 대해 얘기한다.
⑥ 김복억이 고향 태인으로 내려와 사우(四憂 : 신(身), 도(道), 군(君), 민(民)에 대해 풀이한다.
⑦ 양자정은 소쇄원에서 지내는 일화를 얘기한다.
⑧ 김성원이 기축옥사와 관련하여 시국에 대한 토론을 주도하여, 앞으로 벌어질 일에 대해 걱정을 토로한다.
⑨ 오운이 정암의 도학정신을 되새겨야 한다면서 시국과 관련한 토론을 마무리한다.

3) 시회와 복달임 음식 들기
① 탁족을 마치고 미리 준비한 삼계탕을 소반에 차려 가져다준다.

② 김부륜이 감사하며, 여름날 대표음식인 삼계탕에 대해 묻는다.
③ 김성원이 닭은 따뜻한 성질을 가지고 있어 양기를 돕고 소장을 따뜻하게 한다며 약식동원(藥食同源)에 대한 뜻을 곁들여 대답한다.

시회와 복달임 음식 들기

④ 좌중이 서로 음식을 맛보면서 흥겹게 대화를 나눈다.
⑤ 식사가 끝나자 시녀들이 술을 내온다.
⑥ 오운이 시흥이 떠올라 시 한 수 읊는다.
⑦ 김부륜도 연이어서 시 한 수 읊는다.
⑧ 시회가 끝나자, 시녀들이 상을 치운다.

4) 가곡창과 거문고 연주

① 김성원이 분위기 전환을 위해 정대휴에게 가곡창 한 곡을 청한다.
② 정대휴가 명인과 5분 정도 연주한다.
③ 가곡창에 이어 김사로의 거문고 독주가 5분 정도

가곡창과 거문고 연주

이어진다.
④ 좌중이 서로 시와 음악에 대해 얘기를 주고받으며, 예술의 효용성에 대해 논의한다.
⑤ 연주가 모두 끝나자 좌중은 정대유와 김사로에게 박수로 화답한다.

5) 그림 그리기

그림 그리기

① 오운이 시와 음악도 좋지만 그림이 빠지면 되겠는가 하면서 김복억에게 그림을 청한다.
② 김복억은 흔쾌히 받아들인다.
③ 김성원이 시종들에게 붓과 종이를 내올 것을 명한다.
④ 김복억이 좌중들에게 무엇을 그리면 좋겠는가 하고 묻는다.
⑤ 정암수가 매화를 청한다.
⑥ 김부륜이 동의하며 송나라 때 시인 임포(林逋)의 '매처학자(梅妻鶴子)' 고사를 들며 매화의 고결한 지조를 학문하는 자세 또한 이와 같다면 더할 나위 없다고 말한다.
⑦ 그림이 완성되자, 좌중이 그림만으로는 부족하다며 누군가가 화제(畫題)를 쓸 것을 제안한다.
⑧ 이때 김성원이 자청하면서, 붓을 들고 '한 송이 매화가 막 피

어나려는데, 온갖 꽃들은 일찍 피려하지 않은 것 같네(一朶梅 應偏脫出 百花渾似不曾開)'라는 화제를 써내려간다.
⑨ 화제가 들어간 완성된 그림을 김성원이 펼쳐 보이자, 좌중은 감탄하며 모두 박수로 화답한다.

6) 탁열세시풍속행사의 끝

① 시간이 다되어 이만 자리를 정리하기 위해 모두들 일어선다.
② 김성원과 인사를 마친 정암수와 최경회는 각각 말과 사인교를 타고 돌아간다.

탁열세시풍속행사의 끝

③ 나머지 분들도 차례대로 김성원과 작별 인사를 한다.
④ 모두들 떠나자 김성원은 관객들을 둘러보며 마무리 멘트를 한다.

"오늘 성산에 모여 탁족을 하고 시를 읊으며 복달임 음식도 맛보고 흥에 겨워 풍류까지 즐겨보았는데, 어땠소? 오늘 이 자리는 무엇보다 이재를 멀리하고 자연 속에 은거하며 학문과 사상을 탐구해온 성산 인근의 선비들의 삶을 엿보는 자리가 되었을 거라고 생각되오. 나는 일찍이 벼슬에 큰 미련을 갖지 않고 이곳 성산에 머물면서 책을 읽으며 살았소. 이곳 성산이 무에 좋아 속세의 성공을 버리고 산중에 묻혀 지내냐고 묻는 이들이 많소. 그럴 때마다 나는 나의 벗 송강 정철이 지은 「성산별곡」의 시구를 빌어 대답하곤 한다오.

    삼베옷을 걷어 올려 입고 두건을 비스듬히 쓰고
    몸을 구부렸다 난간에 기대었다가 하면서 보는 것이 고기로다
    하룻밤 비 기운에 홍련과 백련이 섞어 피니
    바람기 없이도 모든 산이 향기로다
    염계(濂溪)를 마주 보며 태극(太極)의 이치를 묻는 듯
    태을진인이 옥자를 헤쳐 놓은 듯
    노자암 건너보며 자미탄 곁에 두고
    장송(長松)을 차일(遮日) 삼아 돌길에 앉으니
    인간 세상의 유월이 여기서는 가을이도다
    청강에 떠 있던 오리는 흰 모래에 옮아 앉아
    갈매기를 벗을 삼고 잠 깰 줄 모르나니
    무심하고 한가함이 주인과 같지 아니한가

옛말에 강산이 사람을 키운다고 하지 않았소. 어떤 시대든 자연을 거스르고 배신하는 시대는 오래가지 못 한다 생각하오. 부디 오늘의 귀한 만남을 잊지 마시고 더운 계절, 이 여름을 쏟아내기만 하는 시간들이 아니라 자신을 키우고 성장시키는 계절이 되기를 바라오. 그러다보면 선선한 가을이 오고 겨울이 올 것이오. 오늘 귀한 걸음하신 벗들, 그리고 여러분들.

모두 안녕히 돌아가시오."

　이렇게 하여 〈성산계류탁열도〉 재연 행사를 사건별로 6가지 주제별로 나누어 분석하였다. 11명의 인물이 모여 ① 만남 ② 탁족 ③ 학문시국토론 ④ 시회 ⑤ 복달임 ⑥ 가곡창 ⑦ 거문고 ⑧ 그림 ⑨ 헤어짐으로 하여 모두 9단계를 약 1시간에 걸쳐서 재연하였다. 당시의 시대적 분위기에 맞는 내용으로 이야기를 구성하였으며, 재연배우들의 즉흥적인 애드리브가 관객들에게 좋은 반응을 얻었다고 전한다. 그러나 재연에만 초점을 맞춘 까닭에 문학, 음식, 복식, 음악, 미술, 민속 등 각 분야별 고증은 향후 더욱 면밀한 연구가 필요한 부분이라고 하겠다.
　『서하당유고』에 전하는 〈성산계류탁열도〉는 조선 전기 양반들의 탁열세시풍속을 알 수 있는 귀한 자료이다. 그간 민속학에 대한 연구가 피지배계층이었던 일반백성들의 시선에 눈맞춤했다면, 〈성산계류탁열도〉에 나타난 탁열세시풍속은 양반민속에 대한 새로운 인식의 전환을 가져올 수 있는 계기가 될 것으로 본다.

문화콘텐츠로서 〈성산계류탁열도〉의 가능성

　그렇다면 문화콘텐츠로서 〈성산계류탁열도〉의 가능성은 무엇일까. 단지 인문학적 관점에만 머무른다면 학술적인 연구조사자료에 지나지 않았을 것이다. 그러나 지금은 과거 역사의 문화콘텐츠를 드라마나 영화로 재연하고 있는 시대이다. 이는 수년 전에 『춘

소나무 수십 그루 아래 언덕은 평평하고

용솟음쳐 길게 흐르는 바위계곡이 맑네

티끌세상 아직 다 씻지 못해 두렵지만

이따금 더위 씻고 내 갓도 씻겠네

향전』을 현대적으로 각색하여 인기가 높았던 KBS 〈쾌걸춘향〉이라는 드라마를 통해서도 알 수 있다. 『춘향전』의 원형콘텐츠는 변하지 않지만, 답답한 한복 대신 배꼽티에 청바지를 입은 엽기발랄한 춘향은 시청자들의 높은 관심을 받았다. 『대장금』이라는 드라마 또한 몇 줄에 지나지 않는 사료를 토대로 상상력을 확장하여, 궁중음식을 둘러싼 인물들의 극적인 연출로 우리나라는 물론 세계 각국의 각광을 받았다. '한류'를 대표하는 문화콘텐츠가 된 것이다.

문화관광에 대한 관심이 높아지고 있는 최근의 흐름도 눈여겨볼 필요가 있다. 영국 버킹엄 궁전의 근위병 교대식을 보기 위해 장사진을 치고 있는 관광객들을 어떻게 이해해야 할까. 혹자는 이를 외국문화에 대한 단순한 호기심의 현상으로 볼 수도 있겠지만, 필자는 영국의 버킹엄 궁전에서만 경험할 수 있는 특별함이 관광객들을 불러 모으는 것이라고 생각한다. 우리의 경복궁이나 덕수궁 등지에서 하루에 서너 차례씩 진행하는 수문장 교대식도 마찬가지다. 이 장면을 보기 위해 몰려든 외국인들은 그 앞에서 사진 찍기에 여념이 없다. 오직 우리나라에서만 볼 수 있는 한국적인 면을 보여주기 때문일 것이다.

영국의 근위병 교대식과 우리의 궁궐 수문장 교대식은 질적으로 차이가 있다. 영국의 그것이 복식과 의식 등 모든 면에서 마치 과거 궁정시대의 영국을 보는 것처럼 현장감이 강함에 비해 우리의 경우는 질 낮은 복식과 어정쩡한 분장 그리고 어딘가 어색해 보이는 동작 등으로 인해 다소 코믹한 모습을 연출한다. 재연 담당 전문배우가 아닌 공익근무요원이 연출하는 장면은 자연히 그 전문성이 떨어질 수밖에 없다.

〈성산계류탁열도〉의 재연 또한 이와 마찬가지 선에서 논의할 수 있다. 16세기 호남 선비들의 탁열세시풍속의 재연이 관람객들에게 생생한 체험의식을 심어주지 못하면 그 가치는 반감될 수밖에 없을 것이다. 관광의 의미가 『주역(周易)』의 '관국지광(觀國之光)'에서 유래한 것처럼 그 '나라의 빛남을 살펴본다'는 것은 그 나라의 문화가 얼마나 맑고 밝은가를 본다는 뜻이며, 이는 그 나라의 문화수준을 재는 가늠자와 같다고 하겠다. 우리의 문물과 전통문화 그리고 자연환경을 외면적으로만 살피는 것은 관광의 주목적이 아니다. 문화경험을 통해 무엇인가 새로운 것을 보고 느끼고 배우는 정신적 감화와 교감이 있을 때 그 의미는 더욱 배가될 것이다.

따라서 〈성산계류탁열도〉의 재연행사가 문화관광자원으로서 가치를 지니기 위해서는 관람에서 나아가 함께 체험할 수 있는 기회를 제공할 수 있어야 한다. 16세기 선비들의 여름나기 행사에 대한 동기부여를 해주어야만 연속성을 지닐 수 있으리라 본다. 그렇지 않고서는 일회성에 그치는 이벤트에 그칠 우려가 크다고 하겠다.

6
식영정을 나오며

 늦가을 정취가 성산동에 찾아왔다. 저마다 울긋불긋 제 빛깔을 내고 있는 나무들이 가을을 더욱 풍성하게 한다. 짙푸른 하늘을 올려다보면 무등산이 손에 잡힐 듯 가까이 있다. 한가로이 흘러가는 구름들은 성산동의 나그네인 듯 그저 무심하게 흘러만 간다.
 다시 식영정에 오른다. 소라껍질 모양처럼 빙 둘러 오르는 계단은 저절로 사방을 바라보게 한다. 마당 어귀에 아름드리 노송은 든든한 문지기마냥 나그네를 반겨준다. 백 일 동안 붉게 물든 배롱나무는 계절의 순환 앞에 모든 것을 내려놓고 있었다. 꽃잎에 시선을 두느라 가볍게 지나치고 말았던 기둥과 가지가 눈에 들어온다. 곧게 자라는 다른 나무들과 달리 마치 용틀임하듯 옆으로 비껴서고 있다. 가늘고 여린 가지를 만져보면 단단한 근육을 연상시킨다.
 마루에 걸터앉아 광주호를 바라본다. 물비늘이 가을 햇살 아래 너울너울 춤을 추고 있다. 호수 위를 나는 새들은 제집으로 돌아가려는 듯 바쁜 날갯짓을 하고 있다. 저쪽 논에서는 콤바인 소리가 요란하게 들려온다. 사람 대신 기계가 가을걷이에 여념 없는 풍경이 그다지 어색하지는 않다. 세상은 그렇게 변해가고 있다. 호수 건너 마을에서 피어오르는 연기가 반갑다.

　이렇듯 그림자도 쉬었다 가는 식영정은 내게 마음의 안식처 같은 누정이다. 바쁜 일상에서 가끔 벗어나고 싶을 때 느긋하게 마음을 내려놓을 수 있다. 일행이 없어도 언제든지 혼자서 여유를 느낄 수 있는 곳이다. 그저 마루에 걸터앉아 기둥에 기대고 있노라면 마음이 한결 편해진다. 이따금 부는 바람에 눈을 감고 있으면 바람결이 살갗을 간지럽힌다. 그러다가 마루에 누우면 처마에 걸린 현판을 보면서 옛사람들이 남긴 시를 읊조리며 풍류한객처럼 행세해본다. 이처럼 식영정은 그림자만 아니라 마음까지도 편히 쉬게 한다.

　무등산에는 면앙정, 환벽당, 독수정, 명옥헌, 소쇄원 등 아름다운 누정이 즐비하다. 그중에서도 나는 식영정을 즐겨 찾는다. 이곳에는 산과 물이 공존한다. 누정 뒤뜰 성산동의 나무와 꽃을 가까이서 만날 수 있고, 누정 앞의 호수에서 물고기와 새들을 만날 수 있기 때문이다. 산과 물이 주는 고요함 가운데 어떠한 움직임이 있는 정중동(靜中動)의 이미지와 풍경과도 같은 그림 속에 시가 있는 화중시(畵中詩)의 이미지는 더욱 매력적이다. 풍광이 수려한 곳에 누정을 짓고 시를 남긴 옛사람들의 풍류가 오늘날의 우리들에게 훌륭한 문화유산으로 남아 있다는 것에 고맙고 감사한 일이 아닐 수 없다.

마당 어귀에 아름드리 노송은

든든한 문지기마냥

나그네를 반겨준다.

식영정에 갈 때마다 간혹 뵈는 어르신이 계신다. 성성한 백발로 마루에 걸터앉아 호수를 바라보는 모습은 마치 한 마리 학처럼 고고하다. 그는 석천 임억령의 후손 임남형(林南炯)이다. 구순을 바라보는 나이에도 지팡이 짚지 않아도 될 정도로 건강하시다. 집안 제대로 전해 내려오는 석천의 이야기를 한 점 흐트러짐 없이 풀어주셨다. 조상을 생각하는 후손으로서 당연한 도리이겠지만 그 살뜰한 마음이 내게 식영정 이야기를 쓰게끔 해주었다. 고맙고 감사하다. 어르신의 건강을 빌며, 그 바람대로 식영정을 세운 임억령의 참뜻이 이곳을 찾는 나그네에게 전해져 그림자도 쉬었다 갈 수 있는 마음의 여유를 한껏 누릴 수 있기를 기대한다.

참고문헌

고영진, 『호남사림의 학맥과 사상』, 혜안, 2007.
광주향토문화개발협의회, 『석천 임억령의 문학과사상』, 광주광역시, 1996.
권혁명, 『석천 임억령과 식영정 시단』, 월인, 2010.
박준규, 『호남시단의 연구』, 전남대 출판부, 2007.
박준규·최한선, 『속세를 털어버린 식영정』, 태학사, 2000.
심경호, 『한시의 세계』, 문학동네, 2006.
안진오, 『호남유학의 탐구』, 심미안, 2007.
이종묵, 『한국 한시의 전통과 문예미』, 태학사, 2002.
임남형, 『석천 임억령의 생애와 시문학』, 월인, 2011.
임형택, 『실사구시의 한국학』, 창작과비평사, 2002.
정민, 『한시미학산책』, 솔, 1993.
정익섭, 『호남가단연구』, 민문고, 1989.
최한선, 『석천 임억령의 시문학 연구』, 성균관대 박사학위논문, 1994.

여행 길잡이

나의 그림자,
모두의 허물을 벗어내는 식영정

　광주호의 끝자락에 자리한 식영정은 언덕 위에 숨은 듯 자리하고 있다. 발치에는 서하당과 부용정이 있다. 이 모두가 식영정과 일가친척이라 할 수 있다. '서하'는 안개나 노을이 머무는 곳이라는 뜻이다. 자연물로서 안개라기보다는 자취와 흔적을 없애고 무념무상하게 살겠다는 의지가 반영된 이름이라 할 수 있겠다. 그 오른쪽으로는 장서각이 있다. 송강 정철의 문집과 목판 등을 보관하였는데 가사문학관이 건립되면서 그것들을 이관하고 현재는 시가문화권 일원의 문화유산을 보호하고 알리고자 하는 이들이 교류공간으로 활용하고 있다.
　다시 식영정으로 오르려면 송강가사문학의 터 기념비가 보인다. 송강 정철이 식영정에 있으면서 「성산별곡」을 지었던 뜻을 기리기 위해 세운 비로 인상적인 글이 보인다. "이곳 식영정 마루턱에 서면 바람도 옛 운율로 불고, 강물도 시가 되어 흐르나니"라는 구절이다. 대체 식영정이 어떠한 공간이길래 바람이 운율이 되고 강물이 시가 될까 자못 궁금해진다.

비탈을 따라 차곡차곡 쌓은 돌계단을 올라보자. 오른편으로 부용당과 서하당의 모습이 아름답게 조망된다. 경관이라는 것이 정면으로 마주볼 때와 아래에서 올려다볼 때, 위에서 내려볼 때, 자세히 바라볼 때 모두 달라진다는 것이 새삼스럽게 다가온다. 올려다보면 우뚝한 소나무가 낙락장송처럼 서 있다. 식영정의 모든 역사를 굽어보았을 법한 소나무는 그 아래「성산별곡」비와 함께 식영정의 명물이기도 하다. 4백 살이 넘었다고 하는데 요즘은 천년송이라 부르기도 한다. 거북 등딱지 같은 껍질에도 먹물이 흐르는 듯하다.

동남향을 한 식영정 건물은 무등산 정상을 정면으로 보고 있다. 그래서 이곳을 드나든 시인 묵객들의 글은 첫 화두를 서석으로 시작한다. 상서로운 돌이 있는 산, 등급을 매길 수 없는 산이 무등산이고 보면 응당 이해가 간다. 서석에 머무는 한가로운 구름을 보며 이곳 별뫼(성산)의 선비들은 무엇을 생각했을까? 이름을 세우려 벼슬을 쫓다가 이리 치이고 저리 속박 당하느니 차라리 굶주리더라도 향리에 살겠노라고….

한양으로부터 내려온 석천 임억령이 이 정자의 주인이니 두말할 나위가 없다. 한시의 대가인 그가 이곳에 주석했으니 응당 당대의 선비들이 모여들 수밖에 없었다. 면앙정 송순, 고봉 기대승, 소쇄공 양산보, 하서 김인후, 옥봉 백광훈, 제봉 고경명, 송강 정철 같은 이들이 이곳에서 활발하게 교류했다. 그중 주인인 석천 임억령과 사위인 서하당 김성원, 제봉 고경명, 송강 정철을 식영정의 사선이라고 했다. 식영정의 또 다른 이름이 사선정인 이유이다.

우물마루의 중간에 앉아 고개를 들어본다. 면앙정 송순부터 동시대의 기라성 같은 인물들이 품었던 기상이 편액의 시문에 담겨 있다. 가장 먼저 눈에 들어오는 것은 무엇보다 식영정이란 현판과 현판 앞의 굽은 나무다. 글은 전서체로 그야말로 곧은 예법을 그대로 담아냈다. 그런 글 앞에 굽은 나무가 아랑곳 않는 듯 홀라당 누워 있는 취객 같은 모양새를 띠고 있다. 이 아이러니 앞에서 호방한 선비들의 기상과 그들의 자연을 대하는 태도를 다시 읽어본다. 이런 보의 활용은 다른 나라에서는 찾아보기 힘든 것으로 찌를 충 자와 도리 량 자를 써서 '충량(衝樑)'이라 한다. 지붕의 하중을 받아 외부로 분출해주는 시소 같은 기능을 감당하는 것이다.

눈을 돌려보면 식영정을 에워싼 주변의 환경을 노래한 시문이 들어온다. '창계백파'는 정자 아래로 흐르는 푸른 시냇가에 물결이 이는 모습을, '자미탄'은 백일홍나무가 십 리에 걸쳐 냇가에 피어 있는 모습을, '도화경'은 복숭아꽃이 터널과 같은 경관을 이루는 모습을, '노자암'은 물가 일곱 개의 바위에서 물새가 노니는 모습을, '평교목적'은 지금은 호수 생태원이 있는 뜨락에 목동이 소 등에 걸터앉아 피를 불고 오는 모습을 담아내고 있다. 시간이 흘러 주변의 환경은 변했지만 시문을 보노라면 아스라이 그 모습이 손에 잡힐 듯 떠오른다.

이렇게 스무 가지의 경관을 「식영정 20영」이란 시로 담아냈으며, 이는 경관이기도 하면서 그들의 관념을 형상화한 '소상팔경도' 같은 작품이기도 하다. 가사문학의 백미로 꼽히는 「성산별곡」이 이런 한시를 바탕으로 노래한 것이라는 점은 익히 알려진 것이다.

　언덕 위로 불어오는 바람에 다시 한 번 주위를 둘러보면 정면으로 바람에 몸을 꼬아버린 소나무 한 그루가 역력하게 눈에 들어온다. 풍찬노숙하면서 세상의 시름을 온몸으로 받아냈음에도 강건하게 자란 소나무에서 헌걸찬 조선시대의 선비들을 다시 보는 듯하지 않는가.

> **여행팁**
> 누정은 바라보는 대상이 아니라 주인의 관점에서 주변의 자연과 소통하는 것이니 마루에 올라 한참을 있으면 시가 찾아오는 경험을 할 수 있다. 식영정 아래에 있는 부용당과 서하당도 비록 복원된 것이지만 꼭 들러야 한다. 식영정은 특히 모과나무의 새싹이 돋는 4월, 비가 개이고 무등산에 구름이 자욱한 6월, 배롱나무 꽃이 만개한 8월, 바람이 쓸쓸하게 불어오는 11월, 늙은 소나무 가지에 흰 눈이 소복한 1월 어느 날이 좋다.

식영정息影亭
현판

식영정 쉴 식息, 그림자 영影, 정자 정亭

'그림자가 쉬고 있는 누정' 이라는 뜻.
 서하당 김성원이 창건하였다는 설과 석천 임억령이 창건하여 서하당 김성원에게 물려주었다는 설이 있다.

 16세기 박영(朴詠)이라는 서예가가 팔분체(八分體)로 썼다는 기록이 있어서 그 글씨체의 현판으로 전해진다.

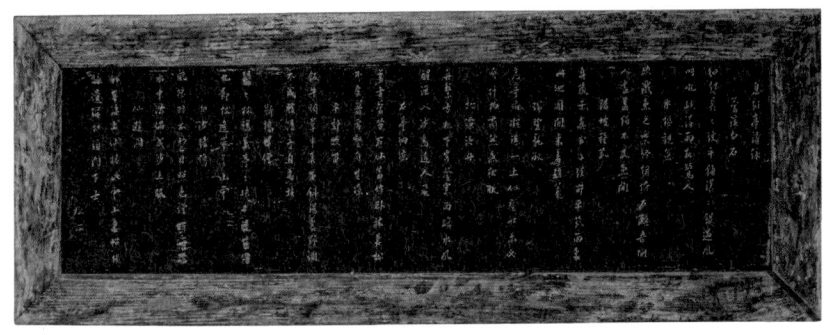

식영정잡영
息影亭雜詠

송강 정철

| 푸른 시내에 흰 바위[1] 창계백석 | 蒼溪白石 |

기다란 비단을 꼼꼼히 다린 듯	細熨長長練
반듯이 깔렸다네 출렁대는 은물결	平鋪漾漾銀
바람을 만날 때면 골짝도 울리고	遇風時吼峽
비 내리는 밤이면 사람도 놀라게 하네	得雨夜驚人

물가 난간에서 물고기 보며 수함관어　　水檻觀魚

고기들 노는 그 즐거움 알고 싶어　　欲識魚之樂
아침 내내 돌 여울을 내려다보네　　終朝俯石灘
나의 한가로움 사람들은 부러워하지만　　吾閒人盡羨
물고기의 한가함에 어찌 비하겠는가　　猶不及魚閒

남쪽 언덕에 오이를 심으며 양파종과　　陽坡種瓜

정자진의 곡구[2]에 몸을 숨긴 채　　身藏子眞谷
소평이 심던 오이[3] 손수 심었네　　手理邵平瓜
빗속에서 때때로 채소밭 살피다가　　雨裏時巡圃
짧은 도롱이 입은 채 한가히 오네　　閒來着短蓑

환벽당 아래 용추[4] 환벽용추　　環碧龍湫

높은 누정에서 맑은 못 내려다보니　　危亭俯凝湛
언뜻 올라서니 배에 오른 듯하네　　一上似登船
꼭 신물[5] 있는 건 아니겠지만　　未必有神物
설레는 마음에 밤잠을 못 이루네　　肅然無夜眠

소나무 아래 못에 배 띄워놓고 송담범주　　松潭泛舟

오래된 소나무 아래 배를 매어 놓고　　舟繫古松下
길손은 찬비 오는 물가를 오르네　　　客登寒雨磯
바람이 불어오니 취한 술 깨어나고　　水風醒酒入
물새는 사람 가까이서 날고 있구나　　沙鳥近人飛

석정에서 더위 식히며 석정납량　　石亭納涼

푸른 이끼에 오래된 저 바위는　　　　萬古蒼苔石
산골 영감이 눕는 평상이 되었네　　　山翁作臥床
큰 소나무는 더위도 타지 않고　　　　長松不受暑
빈 골짝은 절로 시원하기만 하네　　　虛壑自生涼

들녘 목동의 피리소리 평교목적　　平郊牧笛

안개 낀 풀밭에서 소를 먹이고　　　　飯牛煙草中
기우는 햇빛 아래 피리를 부네　　　　弄笛斜陽裏
촌 노래라 곡조야 맞지 않지만　　　　野調不成腔
맑은 소리 저절로 손가락에 따르네　　清音自應指

다리 건너 돌아가는 스님 보며 단교귀승 　　斷橋歸僧

어둑어둑 숲 까마귀 모이니　　　　　　翳翳林鴉集
뉘엿뉘엿 산골 해 저물어간다　　　　　亭亭峽日曛
구절장[6] 짚으며 돌아가는 저 스님　　　歸僧九節杖
아득히 첩첩 산 구름 두르고 있네　　　遙帶萬山雲

흰 모래톱에 졸고 있는 오리 백사수압 　　白沙睡鴨

바람 불면 깃털을 너울거리고　　　　　風搖羽不整
햇살 비추니 그 색깔 더욱 고와라　　　日照色增妍
물에 들어가 잠깐 목욕하더니　　　　　纔罷水中浴
어느새 백사장에서 졸고 있구나　　　　偶成沙上眠

선유동 선유동 　　仙遊洞

어느 해였나 바다 위 신선이　　　　　何年海上仙
구름 자욱한 이곳 깃들었던 일이　　　棲此雲山裏
남은 자취 만지며 슬퍼하니　　　　　悄悵撫遺蹤
백발의 나는 그 문하생이었네　　　　白頭門下士

송강 松江

1 본문의 '蒼溪白石'은 작품의 내용으로 보아 '蒼溪白波'를 바꾸어 놓은 것이다. 앞의 석천 이십영, 서하당 이십영, 제봉 이십영 등에서는 '창계벽파(蒼溪白波)'라는 제목의 시가 있다.
2 정자진의 곡구[子眞谷] : 서한(西漢) 말엽에 고사(高士)인 정자진이 지조를 굽히지 않고 곡구(谷口)에서 농사를 지으며 살았는데 그 이름이 경사(京師)에 알려졌다 한다. 정자진을 정곡구(鄭谷口)라고도 부른다.
3 소평이 심던 오이[邵平瓜] : 한(漢)나라 소평(邵平)이 동릉후(東陵侯)를 그만두고 청문(靑門) 밖에서 가꾼 감미로운 오이를 말한다.
4 본문의 "용추(龍湫)"는 "영추(靈湫)"라 하기도 한다. 앞의 석천 이십영, 서하당 이십영, 제봉 이십영 등에서는 "영추(靈湫)"라고 하였다.
5 신물(神物) : 신령스런 인물, 또는 동물로 여기서는 용을 의미한다.
6 지팡이[九節杖] : 전설 속에 나오는 신선들이 짚고 다닌다는 지팡이로, 두보(杜甫)의 「망악(望嶽)」에 "어찌하면 신선 짚는 구절장을 구하여서, 그걸 짚고 옥녀가 머리 감는 동이에 다다를꼬."라고 하였다.

운을 따라 짓다
次

처음 뵙고 오랫동안 만나온 것처럼
자주 누정에 오르곤 하였다네[7]
시내가 가까우니 물새와도 친근하고
소나무 높아서 해와 별도 가까워라
북쪽 골짜기 바람에 마음은 맑아지고
앞 뜨락 달빛에는 취기마저 깨는구나
서석산은 구름과 서로 어울리니
밤중이면 신선이 문 두드릴 것 같네

新交傾盖舊
頻上習家亭
溪壓親鷗鷺
松高近日星
淸心風北壑
醒酒月前庭
瑞石雲相接
仙翁夜叩扃

용계[8] 龍溪

嘉靖年間, 先祖出宰鳴陽, 有題斯亭. 逮至萬曆丁酉, 詩板爲兵所燬, 迄于今幾數百載, 而且經桑滄世界. 窃恐來後之無徵, 復刻而懸之, 以寓感慕之誠.

　　가정 연간에 선조께서 명양(鳴陽, 창평)에 수령으로 나가셨다가 이 누정에 부쳐 시를 지으셨다. 그러다가 만력 정유년(1597)에 이르러 시판이 전란에 소실된 채 지금 거의 수백 년에 이르렀고 또한 상전벽해와 같은 세상이 지났다. 이에 나중에 알 길이 없을까 두려워서 다시 새기고 걸어두며 추모하는 마음을 부친다.

숭정(崇禎) 무진년 기원후 두 번째 병인년(1746)[9]

崇禎戊辰紀元後 再周丙寅

후손 민사하(閔師夏)[10] 삼가 쓰다

後孫閔師夏 謹識

7　자주 … 하였다네 : 식영정의 술자리에 참석해서 흠뻑 취해 돌아오는 것을 말한다. 진(晉) 나라 산간(山簡)이 양양(襄陽)에 있을 때, 그 지방의 호족(豪族)인 습씨(習氏)네 집 연못가를 자주 찾아가 술을 마시곤 번번이 만취해서 부축을 받고 돌아온 고사가 있는데, 여기서는 식영정을 습씨의 연못에 비유한 것이다.
8　용계(龍溪) : 민덕봉(閔德鳳, 1519~1573)을 말한다. 본관은 여흥(驪興), 자는 응소(應韶), 호는 용계(龍溪)이다. 1564년(甲子)에 창평 현감에 부임하였다. 『여흥민씨족보(驪興閔氏族譜)』
9　숭정(崇禎)은 1628년 무진년(戊辰年)에 시작을 한다. 그래서 숭정 무진년이라는 표현을 쓴다.
10　민사하(閔師夏, 1743~1810) : 본관은 여흥(驪興), 자는 군실(君實)이다. 『여흥민씨족보(驪興閔氏族譜)』

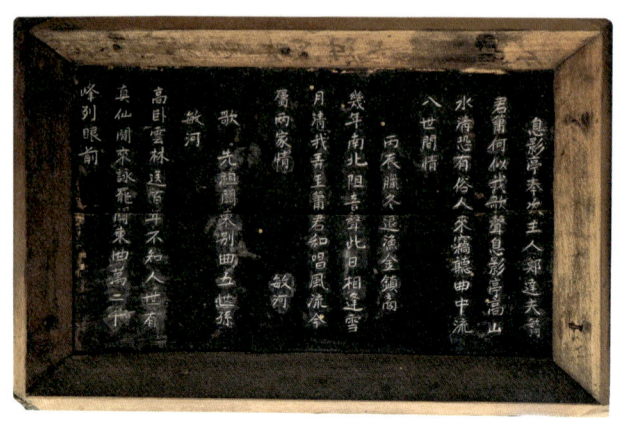

식영정에서 주인 정달부[11] 민하의 시를 받들어 차운하다

息影亭奉次主人鄭達夫 敏河

그대 퉁소 어이 내 노랫소리 비슷한지	君簫何似我歌聲
산수 맑은 곳에 이 식영정 우뚝하여라	息影亭高山水淸
혹 속인들이 와서 살짝 들을지 몰라서	恐有俗人來竊聽
곡 중간에 세간의 정도 흘려 넣었네	曲中流入世間情

병진년(1736) 섣달 겨울에 퇴어 김진상[12]　丙辰臘冬退漁金鎭商

몇 해던가 남과 북으로 소식 끊겼다가	幾年南北阻音聲
달빛과 눈 맑은 오늘 서로 만났네	此日相逢雪月淸
나는 옥퉁소 불고 그댄 답가를 부르니	我弄玉簫君和唱
풍류가 지금 우리 둘 심정인 게지	風流今屬兩家情

민하 敏河

선조의 관동별곡을 노래하다 5세손 민하
歌先祖關東別曲 五世孫敏河

운림에 높이 누워 일평생을 보냈건만	高臥雲林送百年
모르겠다 세상에 진짜 신선 있었는지	不知人世有眞仙
느긋하게 '관동별곡' 읊조리고 나니	閒來詠罷關東曲
눈앞에 수많은 봉우리 펼쳐져 있네	萬二千峰列眼前

---

11 정달부(鄭達夫) : 정민하(鄭敏河, 1671~1754)이다. 본관은 연일(延日), 자는 달부(達夫), 호는 소은(簫隱) 가은(歌隱)이다. 정철(鄭澈)의 5대손으로 시에 능하였다. 현재 전라남도 창평의 지곡사(智谷祠)에 배향되어 있다. 저서로는 『소은유고』 필사본 1책이 있다.

12 김진상(金鎭商, 1684~1755) : 본관은 광산(光山), 자는 여익(汝翼), 호는 퇴어(退漁)이다. 1712년에 문과에 급제하여 많은 벼슬을 거쳤다. 또 글씨에도 뛰어나 많은 비문(碑文)을 남겼다.

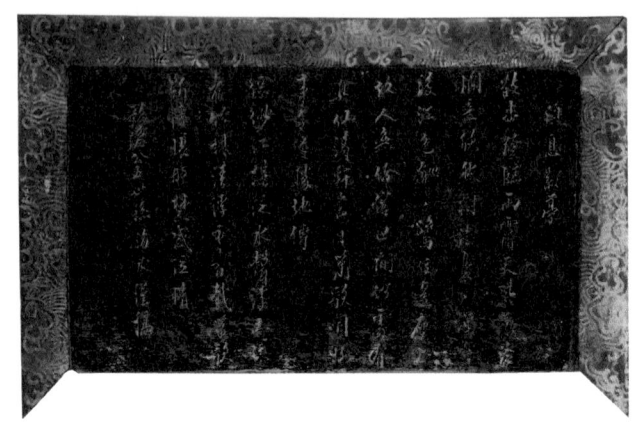

식영정에서 짓다
題息影亭

산보하다 올라보니 비가 개이고　　　　散步登臨雨霽天
백일홍 흐드러져 기분도 좋아라　　　　紫薇花爛意欣然
산들산들 나무 그늘에 매미가 울고　　　樹陰裊裊蟬鳴後
반짝반짝 물빛에는 백로가 섰구나　　　江色粼粼鷺佳邊
이 자리 옛 사람 속객이 없었는데　　　座上故人無俗客
세상 어디 가면 신선이 있겠는가　　　世間何處有眞仙
온종일 누정에서 피리 불며 노래하니　　清軒盡日簫歌咽
이런 흥취 이로부터 승지라 전하겠지　　好事幸從勝地傳

먼 강가의 누정은 물소리에 떠 있는 듯하고	縹緲江樓泛水聲
변함없는 저 산에 대숲은 맑기만 하여라	溪山依舊竹林淸
뜬구름 같은 백 년 그 풍류도 끊긴 터라	浮雲百載嘯歌斷
애달파 울고 싶은 심정 어떻게 이겨 낼까	凄悵那禁感泣情

가은공 5세손 해승[13] 삼가 쓰다 歌隱公五世孫 海承謹稿

---

[13] 해승(海承) : 정해승(鄭海承, 1821~1892). 초명(初名)은 해성(海聲), 자는 지교(墀敎), 호는 석우(石友)이다.『연일정씨족보(延日鄭氏族譜)』

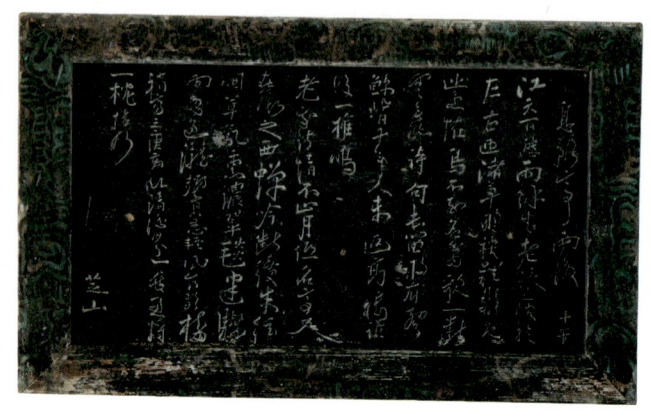

비 온 뒤 식영정에서 짓다
息影亭雨後

손으로 쓰다 　　　　　　　　　　手筆

강천에 온갖 자태 비 온 뒤에 생겨나 　　江天百態雨餘生
좌우로 맞이하느라 늙은 눈만 피곤하네 　　老眼疲於左右迎
수초와 들판 벼는 구분하기도 어렵고 　　渚草野秧難辨色
깊은 물고기 낯선 새는 이름도 모르겠네 　　幽魚怪鳥不知名
자취 없는 구름처럼 퉁소 소리 끊기지만 　　簫歌一斷雲無跡
시구는 오래 남아 영원한 명성 있으리라 　　詩句長留永有聲
흘러간 물결[14]처럼 옛 사람은 못 오니 　　鯨背千年人未返

누가 다시 누각에서 한번 쳐서 울릴까	高樓誰復一椎鳴
늙은 나 시 짓는 욕심 사라지지 않는 건	老我詩情不肯低
이름난 누정이 성곽 서편에 있어서네	名亭又在廓之西
매미 소리 끊길 듯 말 듯 거문고 우는 것 같고	蟬吟斷續朱絃咽
옅고 푸른 담요처럼 풀 기운 향내도 짙어라	草氣薰濃翠毯迷
소나기 갑자기 지나더니 여울 소리 급해지고	驟雨忽過灘響急
가벼운 바람 언뜻 그쳐 나뭇가지도 잠잠하다	輕風乍歇樹梢齊
삼복더위 선선한 이곳 편안히 눕고 보니[15]	三庚高臥淸涼界
가진 건 신발 한 켤레에 베개 하나뿐이구나	一屐兼將一枕携

지산[16]　芝山

---

14 흘러간 물결[鯨背] : 출렁이며 흘러가는 수면을 말한다.
15 고와(高臥) : 전원(田園)에 은퇴하여 유유자적하게 은거 생활을 즐기는 것을 말한다.
16 지산(芝山) : 정민하의 5대손 정해심(鄭海心, 1858~1907)의 아호이다. 자는 치덕(致德)이다. 『연일정씨족보(延日鄭氏族譜)』

기사년(1869) 여름에 다시 수리하며 느낌이 있어 읊다

己巳夏 重葺 感吟

우리 가문 별장으로 이런 누정 있어서	吾家別業有斯亭
어렸을 적 올랐는데 벌써 백발이로다	少小登臨白髮生
오동나무 오른 달은 오늘 밤도 빛나고	月上喬梧今夜色
물가에 퍼진 방초는 옛날 그 이름이네[17]	洲傳芳草舊時名
서석 저 멀리 떠가는 구름 바라보다	遙瞻瑞嶽流雲氣
영추에 내리는 장맛비 소리 고개 숙여 듣네	俯聽靈湫積雨聲
옛날 같은 누정 모습에 더욱더 기쁜데	更喜風欗依古制
창 가득 솔바람[18]도 쉼 없이 불어오네	松濤不盡滿窓鳴

가은공 6세손 조원[19] 숭정 다섯 번째 병신년(1896) 봄에 걸다

歌隱公六世孫祚源　崇禎五丙申春揭

---

17 「식영정이십영(息影亭二十詠)」에 나오는 방초주(芳草洲)를 말한다.
18 솔바람[松濤] : 소나무 숲에 부는 바람 소리가 마치 바다의 파도 소리 같다는 뜻이다.
19 조원(祚源) : 정조원(鄭祚源, 1815~1886). 본관은 연일(延日), 자는 영지(永之), 호는 수산(壽山)이다.『연일정씨족보(延日鄭氏族譜)』

식영정
息影亭

대숲 사이 높다랗게 누워 있는 건	高臥竹林間
서석산 마주한 누정이라네	亭臨瑞石山
봉우리에 무심히 구름 일지만	無心雲出峀
어찌 주인의 한가함과 비슷하리오	何似主人閒

가은노부 歌隱老夫

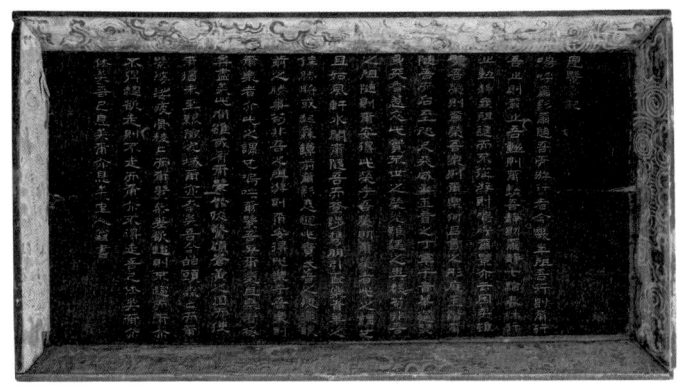

식영정기
息影亭記

 아! 너 그림자여. 네가 나를 따라 돌아다닌 것이 지금까지 몇 년이던가? 내가 가면 너도 가고, 내가 멈추면 너도 멈추고, 내가 움직이면 너도 움직이고, 내가 정지하면 너도 정지했다. 나이 칠십 동안 다니고 멈추고 움직이고 정지함에 가는 곳마다 쫓아다니지 않음이 없었으니, 아! 너 그림자 또한 피곤하였다고 말할 만할 것이다.
 비록 그렇지만, 내가 영화로우면 너도 영화롭고 내가 즐거우면 너도 즐거웠으니 무어라고 말해야 할까? 궁궐의 아름다운 계단에서 너는 나를 따라 뒤에 이르러 지척에서 임금을 뵙고 간곡한 임금의 목소리를 받들었다. 그때에 연회의 화려함이 몸에 비추었고 좋은 향기가 옷깃에 배어들었으니, 이것은 실로 세상에 다시없는 영광이고 만나기 어려운 특별한 운수이다. 만약 나를 따르지 않았으면 네가 어찌 이러한 영광을 누렸겠는가? 내가 영화로우면 너도 영화롭다 한 것은 이것을 말한 것이다.

또 바람 부는 누정이나 물가의 누각 같은 곳에, 너는 나를 따라 올라가서 벗을 끌고 술잔을 당기며 좋은 시절의 아름다운 경치를 즐겼고, 때로는 혹 일어나 술동이 앞에서 춤출 때 너 그림자도 배회하였다. 이것은 실로 한때의 즐거움이요 눈앞의 좋은 일이었으니, 진실로 내가 놀지 않았다면 네가 어찌 이러한 즐거움을 얻었겠는가? 내가 즐거우면 너도 즐겁다고 한 것은 또한 이것을 말한 것이다.

아! 너 그림자여, 나는 너와 함께 영화롭고 즐거운 것을 끝까지 다하였다. 이 사이에 비록 혹은 너 그림자가 쓰러지고 기대고 놀라고 무너지고 허둥지둥 당황한 날도 있었지마는 너에게 오히려 어렵고 위험한 지경에 이르게 하지는 않았으니 너도 또한 행운이다.

내가 지금은 흰머리 무성하니 너 그림자도 힘이 없고, 피골이 앙상히 드러나니 너 그림자도 가지런하지 않구나. 달리고 싶지만 달리지 못하니 너도 역시 달릴 수 없고, 달아나고 싶지만 달아날 수 없으니 너도 역시 달아날 수 없구나. 나 이제는 쉬려니 너도 쉬려무나. 나 그만 멈추려니 너도 멈추려무나.

주인옹[20] 쓰다.

嗚呼! 爾影, 爾隨吾而游行者, 今幾年? 所吾行則爾行, 吾止則爾止, 吾動則爾動, 吾靜則爾靜. 七給春秋, 行止動靜, 無所往而不從游則, 嗚呼! 爾影, 亦云困矣. 雖然, 吾榮則爾榮, 吾樂則爾樂, 何以言之? 彤庭玉階, 爾隨吾而后至, 咫尺天威, 承玉音之丁寧. 于時華筵照身, 天香惹衣, 此實不世之榮光, 難遇之異數, 苟非吾之所隨, 則爾安得此榮乎? 吾榮則爾榮者, 此之謂也. 且如風軒水閣, 爾隨吾而登陟, 携朋引盃, 樂時華之佳勝, 時或起舞樽前, 爾影裴廻, 此實一時之快樂, 眼前之勝事, 苟非吾之所游, 則爾安得此樂乎? 吾樂則爾樂者, 亦此之謂也. 嗚呼! 爾影, 吾與爾, 榮且樂者, 極矣盡矣. 此間, 雖或有爾影靡依驚頹蒼黃之日, 而使爾猶未至艱險之域, 爾亦幸矣. 吾今白頭森森, 而爾影婆娑, 疲骨稜稜, 而爾影參差, 欲趨則不趨, 而爾亦不得趨, 欲走則不走, 而爾亦不得走. 吾已休矣, 爾亦休矣. 吾已息矣, 爾亦息矣.

主人翁書

---

20 주인옹(主人翁) : 석천 임억령을 말한다.

광주문화재단 누정총서 5
식영정

초 판 1쇄 찍은 날 2018년 12월 11일
초 판 1쇄 펴낸 날 2018년 12월 17일

글 임준성
현판 번역 김대현
여행 길잡이 전고필
사진 안갑주

펴낸곳 (재)광주광역시 광주문화재단
펴낸이 김윤기
발행부서 (재)광주광역시 광주문화재단 전통문화관 무등사업팀
  61493 광주광역시 동구 의재로 222
  전화 062-232-2152

만든곳 도서출판 심미안
주소 61489 광주광역시 동구 천변우로 487(학동) 2층
전화 062-651-6968
팩스 062-651-9690
메일 simmian21@hanmail.net
블로그 blog.naver.com/munhakdlesimmian
등록 2003년 3월 13일 제05-01-0268호

값 10,000원
ISBN 978-89-6381-268-7 04900
ISBN 978-89-6381-263-2 (SET)